I0504438

Todo lo que debes saber sobre Herbalife antes de iniciarte en el negocio y que no te contaron

Autor: Un Distribuidor Independiente de Herbalife que desea contar verdades, tralará.

Anónimo, por supuesto.

Bubok Publishing S.L., 2015
1ª edición
Impreso en España / *Printed in Spain*

INTRODUCCIÓN

Antes de empezar quiero dejar claro que este libro lo escribe un Distribuidor Independiente de Herbalife. No tendría ningún sentido criticar una actividad como ésta sin conocerla o sin probarla el tiempo suficiente. No sirve inscribirse y hacer una crónica al cabo de un mes, lo siento.

Lamento informarte de que no me voy a presentar, voy a conservar mi anonimato. Esta actividad es la que me da de comer tanto a mí como a mi familia, además de pagar mi hipoteca y mi estilo de vida. No voy a ser tan estúpido de identificarme en un libro que saca a la luz los 'inconvenientes' de este negocio para que luego puedan tomar algún tipo de represalia contra mí. Tengo todo pensado desde hace un par de años, así que creo que ha llegado la hora de empezar.

De lo que se trata es de que toda persona que esté pensando iniciarse como Miembro o Distribuidor de Herbalife lo haga a sabiendas de los pros y los contras. Los primeros los voy a obviar o, como mucho, los tocaré un poco por encima, pues para informaros sobre ellos estamos más que adoctrinados y se nos da muy bien, pero ni es el momento ni es el lugar. Seguro que a ti ya te hemos soltado alguna charla informativa al respecto y por eso has llegado hasta este libro después. Habrás visto que todo es un camino de rosas, ni una sola pega. O más bien eso parece, es el objetivo para persuadir a los interesados. Abre bien los ojos y vigila esas rosas que marchitan muy fácilmente…

Y no, no considero que esté tirando piedras sobre mi propio tejado. Así consigo que la gente que entra a trabajar con nosotros no se frustre ni se lleve ninguna sorpresa evitando expresiones como "eso no me lo dijiste" o "yo no sabía eso", que realmente me hacían avergonzarme. Pretendo no engañar a la gente. Quiero dormir con la conciencia tranquila.

Éste es un libro muy breve, de fácil lectura y que va 'al grano', no me andaré con rodeos e intentaré agrupar todos los 'contras' con los que me he topado en mi día a día. Seguro que hay algunos más que desconozco simplemente porque no me han surgido a mí, pero los que te cuento en estas páginas seguro que engloban los más importantes y te ayudarán a prevenir otros relacionados o derivados de éstos. Cansado de ocultar información durante años necesitaba expulsarlo por algún lado, y antes de machacar a mi familia y mi almohada prefiero hacerlo de una forma más útil que, al menos, ayudará a decidirse a aquéllos que más dudan. Al fin y al cabo este negocio se trata de ayudar a la gente, ser honestos y cumplir los máximos valores de ética. Pero "ni son todos los que están, ni están todos los que son" (refrán español).

Antes de entrar en materia quiero pedir disculpas al lector por mis posibles errores de escritura y/o expresión. No soy escritor profesional ni tengo estudios superiores. En Herbalife nos enseñan mucha nutrición, oratoria y comunicación no verbal pero no nos enseñan a escribir, de momento. También pido disculpas a la propia empresa Herbalife International S.L. por si alguna de las afirmaciones que aquí expreso pudieran ofenderles. No es mi intención, ni mucho menos. Al fin y al cabo ellos no son los culpables de la falta de información por parte de los Distribuidores a sus posibles clientes o nuevos distribuidores y tampoco pueden controlarlo. En cualquier caso no dejan de ser opiniones fundadas y veraces de un distribuidor más que no busca otra cosa que ser honesto y leal con sus ideales y con lo que cree que debe saber toda persona en cualquier ámbito sobre una oferta que se le presente: las ventajas e inconvenientes reales.

Seguro que antes de llegar a este libro, buscando por Internet, te has topado con cientos de páginas en las que dicen que Herbalife es una secta, que es una estafa, que es un fraude, que los productos son dañinos, que la gente se enferma tomándolos, etc. No te dejes engañar. Pero no por la empresa sino por comentarios de gente sin fundamento. Todas esas afirmaciones son falsas. Siento decepcionarte si pensabas que sí lo eran.

De las cosas reales criticables ya me encargo yo. Para todo lo demás, MasterCard.

Espero que disfrutes del libro.

Firmado anónimamente:

Un Distribuidor Independiente de Herbalife con ataques de veracidad, legalidad, legitimidad, honestidad y lealtad.

ÍNDICE

EL FUNDADOR DE HERBALIFE
Mark Reynolds Hughes (1956-2000)

Vamos a hablar de la empresa, de sus inicios.

Al parecer todo empezó cuando la madre de Mark fallece a los 36 años de edad después de haber intentado ésta un sinfín de dietas de pérdida de peso y gran variedad de medicamentos adelgazantes que terminaron por acabar con su vida cuando lo que ella buscaba era precisamente mejorar su salud alcanzando un peso más saludable.

En su frustración Mark se hizo una promesa: encontrar un sistema para que la gente perdiera peso de forma saludable. Su camino entonces se convierte en una lucha para encontrar una dieta que te pueda cambiar la vida. Se dedicó a mover medio mundo en busca de algún producto que permitiera a la gente adelgazar sin comprometer su salud. Acudió a un simposio en China y, tras buscar y rebuscar alguna empresa interesada en llevar a cabo la fabricación de su idea, acordó la producción de un suplemento de hierbas con un proveedor, el único que decidió escucharle.

Mark Hughes comenzó a trabajar en la venta de productos de Slender Now productos de dieta en 1976 para los laboratorios Seyforth Laboratories, una venta a multinivel. Después de que Seyforth quebrara en 1979, vende productos de control de peso para Golden Youth, con el mismo sistema de ventas. Cuando Golden Youth también cerró Hughes ya tenía la experiencia y el dinero suficiente para crear con el fabricante Richard Marconi de Slender Now una línea de productos que prometían "Satisfacción 100% garantizada o devolvemos su dinero".

En febrero de 1980 a los 24 años Mark Hughes fundó Herbalife.

Y yo no soy quién para dudar de esta historia por muy 'cuento chino' que parezca. Es más, me la creo, pero no soy de venerar, idolatrar e idealizar a ningún líder. De éstos también te encontrarás muchos. No te asustes, no muerden.

Ahí empezó todo, empezó a comercializar su producto, no sin problemas, tuvo muchos altibajos, ataques de empresas de la competencia, problemas con el gobierno de los países en los que vendía su producto, etc. pero fue expandiéndose poco a poco y hoy en día la empresa que ese joven creó en 1980 ya está presente en más de 90 países en todo el mundo y factura más de 8400 millones de dólares al año, que se dice pronto.

Lo que no te cuentan…
de Mark Hughes.

Lo que no te contarán para no dar mala imagen a la empresa, es el motivo por el cual Mark falleció a los 44 años de edad después de uno de los eventos anuales continentales (Extravaganza) en Barcelona, España. Según Wikipedia Mark Hughes tuvo una fiesta de cinco días por los 20 años de Herbalife. Había mucho que celebrar, era dueño de una empresa de 956 millones de dólares, un millón de distribuidores en 50 países y millones de personas que lo seguían con fervor mesiánico. Tres meses después de esta fiesta su tercera mujer Darcy LaPier Hughes (ex reina de belleza como las dos anteriores) encontró a su esposo cubierto únicamente con una camiseta y un tanga negro echado en la cama matrimonial con una sobredosis mortal de alcohol y Doxepin, un antidepresivo. Habían pasado 25 años desde la muerte de su madre y Mark Hughes no fue a caer demasiado lejos de donde ella, aunque ya no se encontraba en las montañas de San Bernardino sino en su mansión de 27 millones de dólares en Malibú. El magnate que tanto buscaba el bienestar y la buena salud parece que no se cuidaba tanto.

A partir de ahí, al igual que hasta ese momento, todo fue crecer y crecer. La incorporación a la dirección de la empresa de Michael O. Johnson (Ex presidente de Walt Disney), Madeleine Allbright (Ex Vicepresidenta de los EEUU en la legislatura de Bill Clinton), Louis Ignarro (Premio Nobel de Medicina), David Heber (Reconocido como Mejor Nutricionista del Mundo) y los patrocinios deportivos (Leo Messi, David Beckham, Cristiano Ronaldo, etc) no hizo más que potenciar el crecimiento de la empresa hasta el día de hoy. La cotización en la bolsa de Wall Street y su calificación de "Triple A" demuestran que es un valor seguro y en alza. No puedo decir nada al respecto de su crecimiento, chapó.

LA EMPRESA

Herbalife International S.L.

Herbalife International es una empresa estadounidense fundada en 1980, dedicada a la producción y comercialización de suplementos nutricionales y productos para el cuidado de la piel y el cabello, comercializados a través del sistema de marketing multinivel o marketing de redes.

La compañía tiene su sede en Los Ángeles, California.3 A 31 de diciembre de 2012, sus productos se vendían en 88 países a través de una red de, aproximadamente, 3 200 000 distribuidores.

Herbalife fue fundada por Mark R. Hughes en California, en el año 1980. Hughes poseía experiencia en el área nutricional, ya que había trabajado previamente en la venta de productos nutricionales para Slender Now, entre 1976 y 1979.

Después de fundar Herbalife, Hughes creó una red de distribuidores en América del Norte, logrando un rápido crecimiento. Para el año 1982, Herbalife había alcanzado ventas por U$S 2.000.000 abriendo así una distribuidora en Canadá, la primera fuera de los EE. UU. En 1986 la compañía comenzó a cotizar en Bolsa de Nueva York, en el índice NASDAQ.

En 1994, Hughes fundó la Herbalife Family Foundation, una fundación dedicada a la caridad y la ayuda de niños. Dicha organización recibe donaciones tanto de la empresa Herbalife, como de los particulares dentro y fuera de la compañía.

Herbalife prosiguió aumentando su facturación, alcanzando en 1996 una facturación anual de U$S 1.000 millones.

Tras el fallecimiento de Hughes, en 2003 Michael O. Johnson se incorporó a Herbalife como Director Ejecutivo, gracias a su experiencia en el desarrollo de negocios. Johnson trabajó durante 17 años en Walt Disney Corporation, y en los últimos años fue Presidente de Disney International.

En abril de 2005, la compañía celebró su 25 Aniversario en un evento de 4 días, en el cual participaron 35.000 distribuidores independientes de todo el mundo.

Para marzo de 2007, la compañía estaba facturando más de tres mil quinientos millones de dólares en un solo año.

Para marzo de 2012, la compañía estaba facturando más de cinco mil cuatrocientos millones de dólares en un solo año. Por esta facturación y muchas de las anteriores, destacados personajes del mundo de los negocio apodan Herbalife. Int como el "Microsoft de la nutrición". México creó la herramienta de venta denominada Club de nutrición, con la que consiguió ser el país número 1 en ventas mundiales con más de 800 mill, de USD. en el 2012.

Herbalife cuenta con una Junta Asesora Médico-Científica presidida por el Dr. David Heber, Profesor de

Medicina y Salud Pública en la Universidad de California. El Dr. Louis Ignarro, Premio Nobel, es también miembro de la Junta Asesora.

La estrategia de la empresa está alineada con la industria del bienestar, recomendando dietas balanceadas bajas en calorías. Esto se ve facilitado por la oferta de productos provista, a través de los macronutrientes y micronutrientes contenidos en sus productos.

La oferta de productos de Herbalife incluye complementos nutricionales. El primero en ser lanzado fue el Formula 1 Nutritional Shake Mix, un batido nutricional que se utiliza como complemento de las comidas. En adición existe una gama de productos nutricionales, siendo en general complementos a base de vitaminas, minerales, hierbas, y otros ingredientes como aloe y vitamina C.

Fuente: Wikipedia.

Recomiendo echar un vistazo al contenido completo de esta fuente. No lo copio entero porque ocuparía muchas páginas. El apartado de controversias y críticas es cuanto menos interesante, aunque no del todo cierto.

Lo que no te cuentan...
de Herbalife International S. L.

No te dicen que te encontrarás con opiniones, muy negativas y sin fundamento, con las que tendrás que lidiar. Nadie te prepara para ello, y deberás estarlo, porque pueden acabar contigo en un plumazo si te dejas influenciar.

Ten en cuenta que hay empresas en el mismo sector de Herbalife, empresas de la competencia, e incluso empresas farmacéuticas a las que no le interesa el éxito de Herbalife. Las primeras porque les quitas clientes, y las segundas porque no les interesa que la gente esté sana y no tenga que recurrir a sus medicamentos para enfermar. Pues bien, estas empresas son muy poderosas y son capaces de movilizar todo un medio de comunicación para que retrasmitan una noticia sobre una persona que murió o enfermó por consumir los productos, siendo evidentemente falsa. Se han dado casos y, tras varios juicios, todo sale a la luz y han tenido que desembolsar indemnizaciones millonarias a Herbalife. Sé que puede ser que no creas esto, pero es tan sencillo como solicitar al Ministerio de Sanidad de tu país que te facilite el registro de los productos de Herbalife, es información disponible para todo el mundo. Te sorprenderá ver que el Ministerio de Sanidad de tu país no sólo le ha pasado los estrictos controles sanitarios sino que además están registrados como alimento o comida, es decir, que no son medicamentos ni tienen productos químicos añadidos perjudiciales. Te invito a que lo compruebes por ti misma/o.

Pero estos casos son muy escasos, a lo mejor se da un caso similar cada 5 o 6 años. Con lo que tendrás que enfrentarte día a día es con las opiniones de la gente.

A lo largo de los años que llevo en Herbalife he escuchado a gente asegurándome que tienen una amiga que quedó embarazada por tomar los productos, que les dio un infarto, que se les dañó un riñón, que le amputaron un brazo, que se intoxicaron gravemente o que les salió una tercera oreja. Obviamente esta última es una ironía, pero las anteriores son totalmente ciertas, pero hay muchas más que te dejarían con la boca abierta.

Tienes que saber que hay gente muy influenciable que, añadido a una falta de información, cierta inseguridad y una pequeña dosis de ignorancia, tienda a crear historias que no los propios Alfred Hichcock y George Lucas trabajando a dúo serían capaces de imaginar.

Estamos en la era de la tecnología, internet nos invade desde diferentes dispositivos, y todos lo utilizamos cuando necesitamos recopilar información. El problema llega cuando una persona quiere buscar información sobre un tema determinado y se mete en foros a preguntar. Seguro que lo has intentado alguna vez. Sé honesto, aplica el sentido común y analiza… ¿las respuestas que has encontrado han satisfecho tus inquietudes?, ¿han resuelto tus dudas o más bien te han liado aún más?. Los foros son una herramienta en la que todo el mundo habla desde el anonimato, sin miedo a represalias ni posibilidad de ellas, y sin necesidad de demostrar absolutamente nada ni contrastar ninguna información. Por lo tanto, te pueden estar diciendo que los tomates son azules que si tú eres daltónica/o te lo vas a creer. La moraleja de todo esto es que no te dejes engañar, si no sabes de algo ve directamente a preguntar a una persona de confianza, a la que conozcas o sepas que se dedica a ello. No puedes preguntar en la farmacia por una receta de gazpacho andaluz, ni puedes pretender que un seguidor del Real Madrid te diga que el mejor equipo del mundo es el FC Barcelona, ni verás al director de Pepsi recomendándote que bebas Coca-Cola, ni sus correspondientes viceversas, claro.

La inmensa mayoría de ellos ni saben de Herbalife, ni han trabajado en Herbalife ni se han acercado lo más mínimo a la empresa, sólo les gusta malmeter. Pero también los hay que sí lo conocen, que han trabajado en Herbalife y que por no haber leído este libro se han llevado varios chascos que han acabado frustrando su aventura obligándoles a abandonar. Como la mayoría no quieren reconocer que el fracaso es únicamente culpa suya tienden a pagarlo con la queja y la crítica fácil hablando mal del negocio: "pues yo no vendí ni un producto!", "pues yo le vendí uno a mi madre y ahora está en el hospital muy malita!" o "pues yo perdí todos mis ahorros y me arruiné con ello".

Debes tener claro que la metodología de trabajo, aunque pueda parecerse a una estafa piramidal por su estructura, se trata de marketing multinivel. Es 100% legal y autorizado por todos los países en los que trabajamos. Tienes mucha información comparando ambos sistemas, utilízalo bien y saldrás de dudas.

Lo que tampoco te contarán, al menos en tus inicios, es en qué consiste el Marketing Multinivel, método en el que se basa la venta de productos Herbalife, y cuál es su diferencia con el sistema piramidal.

A grandes rasgos se podría resumir en que el Marketing Multinivel o MLM incluye una transacción en la que se entrega un producto a cambio de una cuantía económica, es decir, una venta, y en el sistema piramidal se entrega una cantidad económica pero no se recibe nada a cambio, y la remuneración la obtienes directamente de la cantidad entregada por parte de otros integrantes que ingresen al sistema por debajo de ti.

Este aspecto es uno de los que más controversia genera, pues el sistema multinivel es muy similar en estructura al piramidal y siempre hay gente por encima de ti y ganarás más dinero cuanta más gente tengas por debajo realizando pedidos al almacén, que no ventas.

El sistema MLM es legal y el sistema piramidal está prohibido en la mayoría de los países del mundo por estafa, es importante que lo sepas. Aún así, es probable que encuentres empresas que aún trabajen así. Mala gente hay en todos los sitios. Espero que no tengas la mala suerte de caer en sus redes.

Como digo, en Herbalife el sistema de ventas es legal. El problema es que tus ingresos por comisiones o royalties no los recibes por cada vez que tu 'afiliado', una persona por debajo de ti, haga una venta, sino que te pagarán la cantidad que te corresponde aunque sólo haya sacado el producto del almacén. Éste es un arma de doble filo porque puede llevarnos a 'presionar' a nuestros afiliados a realizar pedidos al almacén para tener productos en stock en casa, nosotros cobraríamos nuestra comisión pero el nuevo distribuidor no habría obtenido ni un solo céntimo de ingresos. Es triste, nada ético. Pero es así y nadie te lo va a contar.

Te pongo un ejemplo para explicarme mejor:

Imagina que Pablo te inscribe debajo de él, eres su distribuidor, y el primer día te dice que hagas un pedido de productos porque necesitas tener stock en casa, para dar prioridad a la venta, para que te esfuerces más, bla, bla, bla…

Pues bien, Pablo disfruta de un 50% de descuento directo en la compra de productos, y sus ingresos por comisiones serán el diferencial entre su porcentaje de descuento y el tuyo, que eres nuevo y es del 25%.

Si decides hacer un pedido de 400€ en productos, por ejemplo, Pablo se lleva automáticamente y sin mover un dedo 100€ sin que tú hayas vendido nada aún y sin saber con seguridad que lo vayas a hacer. Pablo tiene +100€ en su cuenta y tú -400€.

Cuanto mayor sea tu inversión mayor es el descuento al que consigas los productos. Para que te hagas una idea, mucha gente, casi la mayoría me atrevería a decir por los testimonios que estucho en los eventos a los que asisto (a no ser que mientan, claro), empieza haciendo la inversión máxima convencidos por la labia de sus patrocinadores que buscan el beneficio máximo. Invierten unos 4500€ que compran al 42% de descuento. A partir de ese momento ya puedes disfrutar del 50% de descuento también, pero sólo después de hacer ese pedido al 42%. Pablo, 50% de descuento y tú que haces el pedido al 42% le da un beneficio del 8% en comisiones sin mover un dedo, con un poco de labia y asegurándote que lo vendes en un pis-pas, que está chupado y lo hace todo el mundo. Pablo tiene ahora +400€ más o menos y tú -4500€. Sin dar un palo al agua. Interesante negocio.

Lo ideal sería que el patrocinador no reciba su beneficio hasta que el distribuidor haga efectiva la venta. Pero es imposible de controlar a no ser que se compre el producto al almacén justo cuando se vaya a entregar el producto para la venta, pero claro, eso no interesa porque no les daría tanto dinero.

Cuando alcanzas el 50% de descuento y por debajo de ti hay otra persona con el mismo porcentaje tú te llevas el 5% de cada venta que haga en regalías. O eso te dicen. La realidad es que obtendrás un 5% en regalías de lo que él compre al almacén, no de lo que venda, y además sólo lo cobrarás si tú haces una producción mensual de 2500 PV (Puntos de volumen, es la 'moneda interna' de Herbalife). Si no lo haces, ese dinero irá para tu patrocinador si él hace esa producción. Muy justo todo.

32

LAS PRESENTACIONES
¿Cómo te informan?

Antes de iniciar cualquier actividad profesional con Herbalife, todos nosotros, o al menos la mayoría, recibimos alguna charla informativa sobre la oportunidad de negocio, conocido internamente como HOM (Herbalife Oportunity Meeting/ Presentación de la Oportunidad de Negocio). Digo internamente porque no creo que a nadie ajeno le puedas pedir que vaya a un HOM y sepa dónde va a ir. Ya sea en una de sus reuniones oficiales presenciales, en una entrevista personal en una oficina, o un dibujo que te haga un amigo en una servilleta de papel, lo normal es que empieces por aquí.

De menor a mayor importancia (por aforo, nivel del curso impartido, etc.) los diferentes eventos a los que un invitado puede asistir para informarse son: Entrevista Personal, QuickStart, HOM Online, HOM en Oficinas o HOM en STS, principalmente. Estos eventos suelen tener entrada gratuita o como mucho 5-10€ en los casos de los HOM en STS. No te preocupes si no lo entiendes, te lo voy a explicar todo.

Una vez que eres distribuidor tu formación la podrás recibir en: Universidad del éxito (Online (gratis) o presenciales (5-10€)), Oficinas (30-50€/mes/socio), STS (10-30€ según nivel. Mensual, local), FSF (60-150€. Trimestral, provincial), Extravaganza (60-150€. Anual, continental), Eventos oficiales puntuales formativos (10-15€. Anual, provincial), Escuela WT (60-150€, Anual, nacional), Evento nacional (60-150€. Anual, nacional),

Summit (60-150€. Anual, mundial). Estos eventos te los pagas tú, tenlo claro.

- Entrevista personal:

Para mí el mejor por ser el más cercano y sincero.

Es muy sencillo, ya sea con un amigo, conocido o familiar cercano, o con un desconocido con el que te hayas citado previamente, son esas presentaciones en las que te explican todo desde cero mientras tomas un café, una cerveza o tomas unos panchitos en casa de alguno de ellos, en un bar, cafetería o un meeting point de un hotel. Lamentablemente no es muy utilizado por parte de los distribuidores, por una cuestión de tiempo lógica, ya que en un HOM informas a mucha más gente al mismo tiempo. Si sólo pudieran hacerse entrevistas personales posiblemente sería la ruina de los distribuidores, pero desde mi punto de vista, es la mejor opción para la persona interesada en recibir más información.

Lo que no te cuentan… de las entrevistas personales

Al ser una entrevista cara a cara, entre dos personas, no hay nadie que pueda controlar lo que el 'distribuidor experimentado' pueda contarte y todo queda en si te lo crees o no. Hay distribuidores que no hacen este tipo de entrevistas por el miedo a recibir preguntas incómodas para la que no tienen respuesta o por poder ponerse nerviosos en tal caso, especialmente entre los distribuidores más nuevos. Para el distribuidor experimentado es más sencillo 'meterse en el bolsillo' al invitado, puede tantearle mejor y decirle justo lo que él quiere escuchar para influir en su decisión. Es un "tête-à-tête".

- QuickStart, HOM Online y HOM en Oficinas:

O "Rápido comienzo" y "Herbalife Oportunity Meeting" online y en oficinas. Los agrupo porque suelen tener una estructura similar, aunque en el caso del HOM en Oficinas suele durar algo más de tiempo.

Las presentaciones que se hacen en oficinas (QuickStart y HOM) suele ser una o dos veces por semana, con entre 10 y 50 personas más o menos. El porcentaje de Distribuidores asistentes suele ser elevado, un 80% aproximadamente, dejando un 20% para invitados. El esquema de la presentación es el mismo que en los STS que veremos más adelante, pero más resumido. En los testimonios, al haber menos asistentes, pues se invierte menos tiempo.

Las oficinas están compuestas por un conglomerado de socios que pagan una cuota mensual a cambio de poder utilizar sus instalaciones, por lo que al finalizar el HOM cada persona interesada en recibir más información, consultar dudas y proceder con el alta como Distribuidor tendrá una entrevista personal con el Distribuidor que le invitó a la presentación.

Ésta es una ventaja en comparación con el HOM en STS mensual, pues tienes más tiempo para resolver dudas. En los otros también puedes consultar con la persona que te invitó, pero al ser tantos los asistentes normalmente no disponemos de tiempo para atender a todos ni para atender de la misma forma, es más incómodo. Yo por eso recomiendo más la oficina o la entrevista personal si lo que quieres es resolver dudas. Estas presentaciones en oficinas suelen ser gratuitas si vas invitado por un socio de la misma, si no es probable que te toque pagar unos 5€.

También existen HOM online, que puedes ver directamente desde el ordenador de tu casa a través de una sala de conferencias. Aquí no hay mucho secreto, todo mucho más resumido, en una hora de duración aproximadamente, en la que también contarás con testimonios y toda la explicación de la empresa. Los productos los tocan un poco por encima. Los HOM Online suelen ser gratuitos.

Lo que no te cuentan... del HOM en Oficinas.

Cuando empecé a utilizar las oficinas como herramienta de trabajo me quedé realmente asombrado. Está casi más estudiado que los HOM en los STS, que suelen ser los más importantes, pues tienen todo enfocado a persuadir, sin presionar, al invitado a no abandonar la oficina sin haber rellenado la licencia como nuevo distribuidor, o miembro, como le llaman ahora. En mi experiencia vivida el primer día, antes de empezar la presentación todos los distribuidores se escondían en una habitación para no incomodar a los invitados que iban pasando poco a poco y ocupando las primeras filas de la sala. Cuando ya estaban todos dentro todos los distribuidores salían de esta habitación y ocupaban los asientos de detrás de los invitados. Yo me llevé un susto cuando, en una pregunta efusiva que no recuerdo por parte del orador del tipo: "¡¿Estáis preparados?!" o algo así, fue respondida con gritos, aplausos y vítores que procedían de la parte de atrás de la sala… ¿cómo ha llegado toda esa gente ahí?, ¡qué sigilosos!. Tampoco sé si todas las oficinas funcionan de la misma forma porque yo sólo he estado en dos, y estas dos funcionaban igual.

Lo que no te cuentan… del HOM Online

Básicamente lo mismo que los anteriores, todo son distribuidores organizado por distribuidores y bien organizado de antemano. Quizá el hecho de que cada uno explique su experiencia desde su casa a través de la webcam le da un toque más cercano y la comodidad de verlo desde tu casa lo hace algo muy utilizado. Obviamente el nivel de persuasión es mucho menor, por lo que para el beneficio de los distribuidores suele ser menos efectivo al no resultar tan influyente.

- HOM en STS (Success Training Seminar)

Las reuniones oficiales presenciales suelen impartirse una vez al mes en un pequeño tramo horario habilitado para invitados dentro de una maratoniana jornada formativa específica para Distribuidores denominada STS (Success Training Seminar / Seminario de Entrenamiento para el Éxito). Suelen realizarse en salas de reuniones en hoteles y exigen vestimenta formal. Si aún no has ido a una verás que casi todo el mundo va con traje. Las apariencias también cuentan.

La estructura de este tipo de reuniones, centrándome en el apartado del HOM, suele ser similar en todo el mundo: proyector con presentaciones en Power Point, un orador para cada sección y te informan sobre los datos de la compañía, algunos datos sobre salud y nutrición, breve resumen de los beneficios de cada uno de los productos tanto de nutrición interna como externa, exposición de testimonios con resultados, explicación de la oportunidad de negocio, reconocimiento para los nuevos integrantes y posibles ascensos del último mes, más exposición de testimonios en cuanto a ingresos se refiere y por último exposición de la historia de éxito contada personalmente por el invitado especial, normalmente Distribuidores ya experimentados con cierto nivel de éxito en el negocio. Todo comprimido en unas 3-4 horas. Y sí, digo bien, comprimido, porque ahí va todo súper rápido, sin posibilidad de hacer ningún tipo de consulta y con el objetivo de llenar de información al invitado y no dejarle lugar a réplica.

En este tipo de eventos suele haber una asistencia de 200, 300, 400, 500 personas o incluso más, dependiendo de la zona en la que se realice y el número de distribuidores de su entorno. Por supuesto, tienes que pagar una entrada de entre 5 y 15€, más o menos, dependiendo de la zona, a no ser que la persona que te invita lo haga con todas las de la ley y te invite también al coste de este ticket, en tal caso lo pagaría él. No te creas que la empresa te invita.

Lo que no te cuentan… del HOM en STS.

Todo está estudiado y organizado de antemano por los organizadores del evento: desde el sitio en el que te sentarás, hasta el texto que leerán los oradores y en qué tono y momento han de expresarlo. La metodología puede resultarte chocante, al ser una 'americanada' más. Un montón de gente contenta, aplaudiendo, saltando, bailando, etc. No te asustes, somos así. O, mejor dicho, nos enseñan a ser así. Pero no es una secta, no te asustes, insisto. Intenta quedarte con lo positivo del evento.

Verás un montón de gente que sube al escenario a contar tanto sus resultados tras haber consumido los productos con sus fotos del antes y el después, como sus resultados en cuanto a ingresos trabajando en Herbalife. Esto no puedo ponerlo en duda porque no puedo comprobar los resultados de todo el mundo y además pienso y quiero pensar que es real porque no hay motivo aparente para desconfiar, al menos en cuanto al consumo de los productos se refiere. Cabe destacar que, obviamente, las personas que suben al escenario a contar cuáles han sido sus ingresos del último mes trabajando en Herbalife son Distribuidores Independientes, pero en cuanto al consumo de los productos y a los resultados obtenidos con ellos… también, son las mismas personas. O al menos el 99%, por dejar un margen de confianza. El procedimiento es sencillo, el orador lanza al público asistente la siguiente pregunta: "¿Quién de los asistentes ha tenido resultados con el producto?, ya sea perder peso, subir de peso, mejorar salud, etc." Los asistentes que se dan por aludidos levantan la mano, suben al escenario, cuentan sus resultados y vuelven a su asiento. Teniendo en cuenta que el HOM es una presentación para aquellas personas que no conocen el negocio y quieren informarse… pues eso, no lo conocen, resulta chocante ver tanta gente subir al escenario. "¿Pero toda esta gente no venía a informarse? Éstos saben más que yo…". Cierto es que puede haber algún cliente que quiera interesarse por el negocio y por cómo ganar dinero con Herbalife y asista a la presentación, pero no creo que en su primer evento se animen a subir al escenario a contar su testimonio ante tanta gente, con su foto del antes y del después… todo preparado de antemano. Pero vamos, puede haberlos, claro, nadie lo impide.

Cuando salen distribuidores a contar sus ingresos del último mes tampoco te especifican de dónde proceden, si son ingresos limpios, después de impuestos, si han contado los gastos o simplemente el dinero que entra, ni si todo este dinero procede de la venta del producto directamente. Muchos distribuidores de éxito consiguen gran parte de sus ingresos vendiéndote herramientas para el desarrollo del negocio, ya sea el pago de una cuota mensual por utilizar sus oficinas, o bien por la utilización de un sistema Web, o algún material didáctico independiente del recibido por parte de la empresa, e incluso por ropa o *merchandising* de la propia marca. Esto tampoco te lo cuentan. También hay distribuidores que gritan eufóricos: "el mes pasado tuve unos ingresos de 1500€!!!", pero no te dicen que para ello se habían gastado 500€ en productos, 150€ en asistir a eventos, 30€ en llamadas de teléfono, 50€ en publicidad… Yo hice esto en varios eventos y nadie lo controla. Vamos, que puedo decir que gano lo que quiera y nadie se enteraría, sin que sea escandaloso, claro, dentro de unos rangos, la gente no es tonta.

El resto de la charla informativa suele ser veraz. Los datos de la empresa, la explicación de la normativa de ética y los detalles de los productos no suele dar lugar a posibles especulaciones. Sin ser notario puedo dar fe de que lo que se dice ahí es verdad, lo que transmita cada uno después de salir del evento en la calle es responsabilidad de cada cual. Tampoco puede controlarlo nadie, por cierto.

Más adelante te explicaré lo que son y en qué consisten los eventos destinados a tu formación una vez que has firmado tu licencia de distribución.

EL PRIMER PASO
Comprar tu licencia (IBP)

Una vez recibida la información en la que también se incluye el coste de la licencia, que no es gratis, es el momento de tomar la decisión… te preguntan: "¿estás lista/o para comenzar?" "¡Sí!" (créeme, después de las presentaciones es difícil que respondas algo diferente); "Cómo quieres pagar, ¿en efectivo o tarjeta?".

Decides comenzar, y tras el pago de la licencia toda la efusividad y el entusiasmo empieza a quedar en un ligero segundo plano mientras vas descubriendo poco a poco la realidad, lo que no te habían contado y que es ahora cuando te cuentan. Quizá la emoción total te dure un día, quizá algo más, pero, aunque es probable que después vuelva a subir, empiezas a descubrir cosas en las que te preguntas: "¡ey!, ¿y esto?, ¡nadie me lo había dicho!". Supongo que también es normal, lo que ocurre es que la mayoría de los que ya han firmado prefieren pensar "from lost to the river", o "de perdidos al río", otro refrán español vulgarmente 'anglosajonizado'; vamos, que una vez ya has pagado por la licencia te convences a ti mismo de que es lo normal, que hay que pasar por ahí como todo el mundo y tiras para adelante, pero como digo, con sensaciones extrañas.

Pues bien, en el momento te harán entrega del IBP (International Business Pack o Paquete Internacional de Negocio). Si no te lo entregan en el momento lo recibirás en unos días en tu casa.

En este paquete recibirás:

- Una lustrosa bolsa de transporte con el logotipo de Herbalife (ahora entenderás por qué había tantas como esa en la reunión a la que asististe, ve atando cabos.

- Uno o varios productos de la compañía, para que puedas familiarizarte con ellos.

- Varios libros con las normas de ética, la metodología de trabajo, información sobre el plan de marketing o cómo se obtienen los ingresos y qué necesitas para ir subiendo de 'categoría'.

- Catálogo de productos y algún folleto informativo.
- Lista de precios.
- Formulario de alta como nuevo Miembro.
- Carta de exención de recargo de equivalencia.
- Carta informativa sobre la recompra de stock.
Y otros documentos informativos.

Lo que no te cuentan...
de la compra de tu licencia (IBP)

Se te va a intentar persuadir para que consumas el/ los productos que incluye el IBP. No te van a obligar pero sí te van a decir que si no los tomas no vas a tener los resultados que buscas porque no hablarás desde tu propia experiencia. Y en cierta parte es verdad, para conocer algo por uno mismo lo mejor es probarlo. Esta es una de las claves del éxito de la empresa. El mejor cliente de Herbalife es el propio Distribuidor Independiente. Como tienen que probar los productos y predicar con el ejemplo, consumen todos los productos que pueden. Digo que hasta cierto punto es verdad porque hay productos que soy muy necesarios nutricionalmente hablando, pero no todo el catálogo de productos es imprescindible. Conozco Distribuidores que consumen todos, y cuando digo todos, es todos. Mi recomendación es que consumas los productos esenciales que creas que puedan beneficiarte más. Hay gente que se gasta más en su propio consumo de lo que ingresa por las ventas. Siempre con cabeza y sentido común, por mucho que te recomienden. "Tabletero grande, cheque grande"; Otra frase muy utilizada en los cursos de formación. Hace referencia a los tableteros o 'pastilleros' en los que los distribuidores guardan sus productos. Los hay de diferentes tamaños y, obviamente, el más grande es el que más productos puede almacenar para que puedas consumir más. Una forma de 'presión sin presionar'. No tengas sentimiento de culpa o inferioridad si tienes un tabletero pequeño o si no tienes ninguno, no te dejes engañar.

En la lista de precios ves el precio de venta recomendado y el precio que te corresponde a ti como distribuidor en función de tu porcentaje de descuento. Aquí es donde la mayoría de la gente empieza a sorprenderse... "¡Ostras qué precios!", por no ser demasiado explícito. De los precios no se habla en los HOM. Cuando preguntas acerca de él te lo pintan desde un punto de vista en el que todo te parece bonito: "Claro, divide el coste del producto entre 30 días que tiene el mes, ¡es baratísimo!, vete a un bar a intenta desayunar por poco más de 2€, ¡es imposible!". Pues sí, también lleva razón, pero la mayoría de la gente desayuna en casa, mucho más barato que en un bar. A expensas de la falta de nutrientes, claro, que es quizá desde la perspectiva que debería enfrentarse, más que del propio precio. Pero como esto la gente no suele entenderlo o aceptarlo demasiado, vamos al dinero.

Tampoco te dicen que si quieres acceder a porcentajes de descuento más elevados que el 25% que tienes de inicio, debes adquirir un stock de productos para tener en casa e ir distribuyendo poco a poco, o ir acumulando ventas poco a poco hasta conseguir una cantidad determinada. A modo de ejemplo, y para no liarte mucho, te diré que para optar al descuento máximo inicial, el 50%, debes hacer una inversión en productos de unos 4500€, o acumularlos en ventas. Actualmente, y bien hecho por la empresa, acaban de limitar esta inversión inicial para que la gente no se gaste 4000€ de golpe y se tengan que comer los productos con patatas, pero aún así te recomendarán que inviertas en stock lo máximo posible. Cada vez que haces un pedido, la persona que te registró en Herbalife, tu patrocinador o sponsor, se lleva una comisión que va desde el 5 al 25% de todos los pedidos que hagas al almacén, <u>no de tus ventas</u>, como te dicen en los HOM. Tú haces un pedido al almacén de 1000€ y, aunque no hayas vendido nada, tu patrocinador se lleva un porcentaje de beneficio. Es por eso que les interesa que compres stock. Te dirán que no, que es mejor tener producto en casa, porque si alguien te pide producto se lo puedes dar en el momento, etc.

Y sí, también llevan parte de razón, pero creerme que he tenido mucho stock de producto y desde hace tiempo decidí tener el stock mínimo para consumo propio y poco más y a la gente no le importa esperar un día para recibirlo en su casa. Incluso si tienes cerca el almacén puedes entregárselo el mismo día, y así te aseguras de que la comisión que se gana tu patrocinador es por una venta real, de la que tú también te llevas un porcentaje, por cierto. Desconozco el número de personas que compran un gran stock y luego terminan consumiéndolo ellos mismos junto con su familia por no haber sido capaces de venderlos, pero no creo que sea ninguna barbaridad decirlo, seguro que hay muchos así. Mi consejo, no adquieras stock, aunque al principio tengas un porcentaje de beneficio bajo y quieras alcanzar el 50%. Aunque en Herbalife puede trabajar todo el mundo, no todo el mundo vale para ello, aunque en los HOM te hagan creer a ti mismo que sí. Pruébate, prueba los productos, prueba el método de trabajo, y si ves que funciona, adelante, pero como empieces invirtiendo y no seas capaz de venderlo, puedes acabar arrepintiéndote y terminar hablando mal de una empresa o unos productos que no tienen ninguna culpa de ello. Piénsalo.

Otra cosa que no te cuentan y que a mí, particularmente, me dolió mucho, es acerca del recargo de equivalencia, opción de recompra y demás derechos que, aunque están en el libro con las normas de Herbalife, al ser tantas páginas y con letra tan pequeña, poca gente se lee.

En mi caso me dijeron que la carta de exención de recargo de equivalencia lo rellenara y lo enviase a la empresa, sin más. Ni me explicaron qué era, ni por qué debía rellenar eso, ni nada. Investigando por internet llegué a la conclusión de que al rellenar y firmar ese escrito reconoces no haber vendido más del 80% del stock de productos adquiridos el año anterior. Con esto evitas un sobrecargo en los precios de un 1,4% en los productos de nutrición interna y un 5,2% en los productos de nutrición externa. Obviamente al ser tu primer pedido puedes hacerlo porque el año anterior no vendiste nada, pero si vendes más del 80% en un año natural deberás hacerlo, reduciendo así tu porcentaje de beneficio. Esta carta deberás enviarla cada año en el mes de enero si cumples las condiciones. De lo contrario, tendrás ese impuesto extra en todos tus pedidos.

En mi caso, la carta de opción de recompra de stock ni si quiera me venía, ¡la habían sacado de mi IBP!, obviamente esto yo no lo sabía entonces, hasta que entregué mi primer IBP a un distribuidor y me preguntó para qué era ese papel… "¿Tú te crees que el nuevo distribuidor necesita sabes eso?" – me dijo mi patrocinador al preguntarle por el dichoso papelito -. Inmediatamente me sentí engañado. Este papel te dice que, en caso de que compres stock y decidas devolverlo por cualquier motivo, la empresa puede recomprártelo a ti. Pero claro, a tu distribuidor no le interesa que tú tengas de antemano la comodidad de saber que, si la cosa falla, puedes devolverlo, así te sientes más presionado a trabajar. No vaya a ser que devuelvas los productos que compraste y le quiten la parte del beneficio que se llevó por eso… Te dirá que él trabaja para que tú ganes dinero, que lo gane él es secundario, pero ya ves…

Tampoco te dicen que para mantener tu licencia activa tendrás que pagar una cuota anual de procesamiento, que, obviamente, es más elevada cuanto más alto es tu estatus. Suelen ser unos 30€ para distribuidores con el 25% de descuento, y unos 100€ para los que obtienen un 50% de beneficio. No lo considero una cuantía elevada, pero te lo encuentras por sorpresa, y eso fastidia. Nadie te lo dice antes.

Te dicen que hay mucha formación por parte de la empresa en cursos presenciales por todo el país, allá donde vivas, pero no te dicen que no es gratis. Nada es gratis como ya hemos visto antes, salvo si existe formación por internet.

En la formación presencial pagas también en función de tu status, ya que podrás acceder durante más horas al evento en sí. Entre 15 y 30€ si es formación de un día (STS, mensual), y entre 60 y 150€ si se trata de formaciones de un fin de semana completo (FSF, Fin de Semana de Formación, trimestral o Extravaganza, evento anual). Tampoco te pagan el transporte a los eventos, y aunque los semanales o mensuales sueles tenerlos cerca, los trimestrales y anuales suelen estar en diferentes provincias del país, e incluso "el evento de los eventos", la Extravaganza, se realiza una anual en algún país del continente, puede coincidir en el tuyo, o no. Yo he viajado por varios países de Europa para estos eventos y, créeme, no salen baratos (Vuelo, hotel, aparcamiento, gasolina, evento, etc.).

Al igual que todo lo demás no te van a obligar a ir, pero si no vas nadie te asegura que vayas a progresar... se lavan las manos y se limitan a decirte: "si no vas a los eventos no puedo ayudarte igual que al que pone interés y sí que asiste", y también llevan razón, una persona que pone más interés es lógico que le dediques más tiempo, pero tampoco te dice nadie nada de esto.

Bien, supongamos que aceptas todo ello y empiezas la actividad. Lo primero es rellenar el formulario de la licencia, en mi caso lo recibí ya todo cumplimentado, a falta de algunos datos míos, mi patrocinador me había adelantado el trabajo, muy amable por su parte.

Ahora ya se puede formalizar el alta online con un código que figura en el propio formulario. Esto debe ser rellenado personalmente por parte del nuevo distribuidor para que pueda leer y aceptar los términos y condiciones, en los cuales te avisan de que tienes 15 días para devolver el IBP si decides dejar de ser distribuidor por cualquier motivo. Hay patrocinadores que rellenan esto con los datos de su nuevo distribuidor para que éste no lea estos términos y evitar así que devuelva su IBP en caso de arrepentimiento. Muy lejos de lo que pueda asemejarse a toda ética y moral. La licencia debe rellenarla el nuevo distribuidor.

En los HOM te dicen que ganamos dinero por recomendar los productos. Nadie gana nada sólo por recomendar, si no hay venta, no hay ganancias, al menos para ti, como ya he explicado antes. Les da miedo decir que vendemos productos. Ganamos dinero vendiendo productos de la marca Herbalife, y punto. La recomendación puede ser un paso previo a la venta, pero sólo con la recomendación no se gana nada.

No te dicen que cabe la posibilidad de que, aunque trabajes, no ganes nada, sencillamente porque no te compren, o porque te compren tan poco que no cubra ni tan siquiera tus gastos en eventos.

No te dicen que te encontrarás con distribuidores deshonestos que venden pos debajo de su precio de venta recomendado, haciéndote imposible competir con ellos. Estos caraduras hacen mucho daño.

Si vendes un producto y lo entregas y cobras en mano, nadie conocerá tu transacción, pero a la hora de recibir las comisiones de los distribuidores que tengas en tu organización o grupo de trabajo, recibirás una transferencia en tu cuenta corriente y entonces Hacienda ya sabrá lo que decirte allá por el mes de abril cuando vayas a hacer tu declaración si no te has inscrito en el régimen de Autónomos.

También oirás una cosa que se llaman regalías o royalties, que son unos ingresos heredables de padres a hijos del 5% que cobrarás toda la vida, sin límite y demás… pero nadie te dice que para ello tienes que facturas un mínimo de 2500€ al mes aproximadamente, hasta que no te topas con ello, claro.

Nadie te dice que una vez alcanzado el nivel del máximo descuento, el 50%, deberás recalificarlo cada año para mantenerlo. Te dicen que es permanente pero no lo es. Si al cabo de un año no haces la producción mínima exigida para este status te bajarán el porcentaje de descuento al 35%, y por lo tanto tu margen de beneficios, las posibilidades de acceder a formación de más nivel, perderás todos los distribuidores de tu grupo de trabajo que estén al 50% de descuento… Nadie te lo dice, al menos en un principio.

Tampoco te dice nadie que, aunque no son muchos, hay distribuidores carroñeros que harán lo imposible por 'robarte' distribuidores. Ten en cuenta que tú obtienes beneficios de los distribuidores que están por debajo de ti. Ten cuidado cuando invites a una persona a asistir a un evento lejos de tu ciudad porque puedes dejarle en manos de uno de estos 'ladronzuelos' que acaben registrándole bajo su número de socio y por lo tanto se llevará él los beneficios. Vigila esto.

Pues bien, vamos a ponerlos manos a la obra.

En Herbalife te dirán que no tienes jefes ni horarios, que trabajas desde casa… y yo digo: ¡ja!. Al igual que lo anterior, en cierto modo es cierto, pero nadie te dice que si no te pones tu propio jefe, aunque sea ficticio, ni tus propios horarios, no vas a ganar ni de lejos tus pretensiones económicas. Es decir, que no estarás presionada/o por nadie pero si no te presionas tú misma/o no conseguirás nada, sólo frustración. Y créeme, no es fácil. Y lo de trabajar desde casa sí que es la repera: para hacer encuestas, a la calle, para entregar papeletas, a la calle, para hacer presentaciones, a la calle, para recibir formación, a oficinas u hoteles. Es cierto que después de hacer la encuesta puedes recibir en tu casa a la persona invitada, pero si no sales antes, es imposible. Las personas que trabajan en oficinas igual, trabajan en la oficina, no en su casa. Puedes dedicarte a poner anuncios en internet y así no salir nada a la calle, pero la efectividad de tus ventas se verá reducida en un porcentaje elevadísimo, te lo digo por experiencia, a no ser que inviertas mucho dinero en una empresa de publicidad que se encargue de enviarte personas interesadas directamente, y no es barato.

Inmediatamente después de firmar tu licencia, dentro del proceso informativo sobre tus primeros pasos, te 'invitarán' amablemente a hacer un pedido de productos al almacén intentando que lo hagas cuanto antes… para beneficio de tu patrocinador, claro, porque tú no ves un duro. Y claro, en los tiempos que corren mucha gente busca anuncios por internet para buscar trabajo porque están en paro, tienen pocos recursos, etc. Ya les choca el tener que hacer el pago del IBP inicial, pero esto ya les saca de sus casillas. Es normal y muy lógico.

Si no estás sentado leyendo este libro, por favor, hazlo ahora, no me hago responsable de ningún accidente doméstico como consecuencia de las reacciones incontroladas del cuerpo del lector tras leer párrafos como el siguiente. Si ya lo estás, sigue leyendo…

María Eugenia, nombre escogido totalmente al azar, ama de casa, parada, separada, 3 hijos a su cargo y con varias facturas atrasadas porque no tiene dinero. En su desesperación decide invertir algo de dinero en comprar el IBP, lo que es, a priori, la única inversión necesaria para poder trabajar en Herbalife. Se lo han pintado muy bien en la presentación a la que ha asistido. Firma su licencia y el distribuidor, después de informarle de todo, le hace la pregunta del millón:

- Cómo quieres comenzar, ¿invirtiendo 4000€, 2500€, 1000€ o 500€?
- ¡Pero si yo no tengo dinero!, ¡para eso estoy aquí!
- Precisamente por eso María Eugenia, para que puedas tener dinero algún día tienes que pagar un precio ahora. El que algo quiere algo le cuesta.
- ¡Pero si no llego a fin de mes con los 600€ que cobro!, ¿de dónde voy a sacar todo ese dinero?
- Si no llegas a fin de mes tienes otro motivo para esforzarte un poquito. Además piensa que cuanta más alta sea tu inversión más beneficio obtendrás, por lo que estarás ganando más dinero por el mismo trabajo, ¿no es perfecto?.
- Pero a ver, querido patrocinador, mi impresora de billetes falsos se me estropeó hace tiempo, ya removí todas las piedras de 5 km a la redonda y debajo de ellas no hay dinero, en mi banco me quedan 70€ y estamos a día 10 del mes, ¿puedes enseñarme a hacer el truco de magia ese tan efectivo?
- Bueno, no te preocupes, te podemos ayudar María Eugenia, para eso estamos. Mira, posibles soluciones que a otros distribuidores les han ayudado mucho: muchos han pedido un préstamo al banco, otros han utilizado tarjetas de crédito y otros han pedido prestado a sus amigos y

familiares. Para que veas el compromiso de algunas personas. Ellos ya están ganando mucho dinero con nosotros, tú también puedes hacerlo.

- ¡Ni hablar!, no pienso endeudarme con nadie, demasiado mal lo paso ya. ¿No puedo trabajar sin invertir nada? A mí nadie me dijo que tuviera que invertir dinero en productos.

- No, no tienes que invertir nada si no quieres María Eugenia, es más, puedes trabajar desde ya sin invertir nada, pero pierdes muchas ventajas: ganarás menos dinero por el mismo trabajo, no tendrás stock de productos para entregar de inmediato a los clientes, no tendrás acceso a formaciones de más nivel, no tendrás el mismo reconocimiento en los eventos, etc. Es más, para que veas que yo lo digo por tu bien, si tú te quedas como estás ahora, sin invertir, yo gano más dinero en comisiones, con lo cual es mejor para mí. Pero a mí lo que me interesa es tu progreso, que tú vendas y que ganes más dinero con el mínimo esfuerzo, ¿lo entiendes?.

- Sí, vale, no me importa que ganes más, pero yo ahora no puedo hacer nada más. Intentaré ganar poco a poco y cuando pueda invertiré, ahora no es el momento.

- De acuerdo, sin problemas. Pero no puedo ofrecerte la misma dedicación que a una persona que sí decida invertir, no tengo tiempo para invertir igual en todos, espero que lo entiendas. Tienes un curso de formación el próximo sábado en tu zona.

Te paso por email la información del lugar, horario y demás. La entrada te costará 10€.
- ¡¡Qué!??? (Cuelga).

Esto que puede parecer una conversación un tanto escatológica se nos presenta con más frecuencia de la que imaginas. ¿Te das cuenta hasta qué punto se puede 'presionar sin presionar' a una persona para que invierta dinero?. Lo peor es que muchas veces se consigue haciendo endeudarse a muchas personas que no saben ni cómo son los productos, ni si van a ser capaces de venderlo, ni si les va a acabar gustando. No todo el mundo está dispuesto a cambiar su vida, su forma de ser y sus ideales por ganar dinero en Herbalife. Y claro, no pueden culparnos porque al fin y al cabo no les hemos obligado a nada… En fin, sin comentarios.

En la primera pregunta no le dan la opción de comenzar a trabajar sin invertir, ese es el último recurso. Y la gente que se agarra a un clavo ardiendo, porque lo necesita, pues lo hace. Invierte dinero y, si hacen todo lo que se les dice, lo venden. Pero eso de 'hacer todo lo que te digan' no son simples tareas a realizar. Que uno puede decir: "pues claro, yo estoy aquí para trabajar. Decirme lo que tengo que hacer que soy muy trabajador y aprendo muy rápido".

Mucha gente cuando les dicen que para vender eso tienen que acudir a dar charlas a sus familiares, hacer encuestas parando gente por la calle, y como no obtienen buenas sensaciones de ellas siguen insistiendo con sus familiares y amigos, presionando en redes sociales, reuniones familiares, quedadas, etc. A la mínima muestra de posible sobrepeso, debilidad o falta de energía ahí está el nuevo distribuidor: "Yo tengo unos batidos muy buenos que pueden ayudarte! Llámame y te cuento!". Y claro, las relaciones familiares se enfrían, puedes perder relación con amigos… en fin. Yo no lo recomiendo. En ese momento la gente se arrepiente de haberse gastado ese dineral en los productos y ya empiezan a mirarlos pensando en cómo combinarlos para añadirlos a su dieta diaria. Es decir, que tienen asumido que se los van a terminar comiendo con patatas. O sin ellas, porque no creo que le entren después de tanto producto.

Y este error suele venir por muchos factores, la falta de información previa principalmente, pero además, para hacer el pedido de productos, al ser el distribuidor nuevo no sabe cuál se vende mejor ni nada de los productos, le asesora su patrocinador, que como no quiere que se arrepienta antes de tiempo le dice un pedido estándar en el que se incluyen todos los productos de todos los sabores y colores disponibles para hacer el pedido cuanto antes. Una vez hecho ya no hay marcha atrás. En el mejor de los casos el patrocinador habrá ganado en un momento 400€ y el distribuidor… pobre de él. Presión y paciencia a raudales a partir de ahora. Yo más de dos años después de hacer mi pedido de productos aún seguía teniendo productos que no vendía ni a tiros.

Pero, ¿cómo es posible?, si la empresa lleva funcionando muchísimos años en muchos países, ¡desde 1980!, ¿tanta gente vive engañada?. La respuesta es NO, rotundo, nadie está engañada. Simplemente el trabajo tiene unas condiciones no escritas que hay personas que cumplen y otras no, y de las que no las cumplen unas pocas hacen el esfuerzo por cambiar su forma de ser para empezar a cumplirlas. Si tú cambias y haces lo que te dicen puedes conseguirlo, hay que pagar un precio, recuerda. Si sacrificas unos años de tu vida puedes tener una vida exitosa, esto es totalmente cierto, pero es importante que lo sepas de antemano y no te encuentres con el pastel de golpe. Yo me los comía todos, mi patrocinador, aunque ahora lo quiero mucho, no me explicó nada más que lo justo y necesario. A veces le preguntaba algo que se salía de lo estándar y su respuesta era "eso no necesitas saberlo todavía", y se quedaba tan ancho.

En definitiva, o adaptas tu forma de ser o no podrás tener éxito en Herbalife. Por muy buenos que sean los productos, no se venden solos, aunque así te lo quieran pintar.

PRIMERA INVERSIÓN EN PRODUCTOS

Sólo con firmar tu licencia como Miembro de Herbalife International S.L. tienes de forma inmediata un 25% de descuento en todos los productos que adquieras directamente del almacén.

Los almacenes de Herbalife están situados en Madrid capital y Barcelona capital. Si vives cerca de ellos puedes recoger tus productos directamente allí. Cabe destacar que, aunque sea extraño, resulta más económico que te envíen los productos a casa por mensajería que recogerlos directamente allí.

Pues bien, como ya sabes existen diferentes porcentajes de descuento en función de la categoría en la que te encuentres y para conseguir tener un mayor porcentaje de descuento necesitas acumular Puntos de Volumen, que es una especie de 'moneda interna' de Herbalife para evitar tener que tratar con múltiples monedas diferentes de los 90 países en los que trabaja. Y para acceder a ellos necesitas comprar productos.

Todos los productos con los que trabajarás tienen un precio de venta recomendado, un precio base (sobre el que se calculan los descuentos) y un valor en Puntos de Volumen.

Por ejemplo, en España el Formula 1 sabor vainilla tiene un PVR de 43,68€ y 23,95 PV. El precio base son 38,28€. Los PV son idénticos en todos los países, los precios son los que varían, obviamente.

Los precios varían según el método que utilices para hacer el pedido. En el ejemplo del producto anterior y para un distribuidor que tiene un 25% de descuento por la compra de productos si el pedido lo realiza por teléfono le costará 33,83€, si lo hace de forma presencial, directamente en el almacén, le costará 33,70€, si lo hace a través de Internet y su pedido total no supera los 1200€ le costará 33,41€; y si su pedido lo hace a través de Internet y el pedido total supera los 1200€ le costará 33,20€ (Gastos de envío no incluidos. 10% IVA incluido). Los productos de Nutrición Externa, para el cuidado de la piel y del cabello, tienen un 21% de IVA, también incluido.

El 25% de descuento lo tienes sólo con pagar tu licencia, pero puedes acceder a un 35%, 42% o 50% acumulando puntos de volumen ya sea tú solo o con ayuda de tus 'afiliados', los distribuidores que consigas reclutar por debajo de ti. Te cuento las diferentes alternativas:

- <u>Miembro básico – 25%</u>: No necesitas realizar ningún pedido especial de productos para tener stock propio. Sólo con pagar y registrar tu licencia (IBP) tienes acceso a este descuento. Éste es el porcentaje mínimo, por lo que no se pierde nunca. Tendrás un 25% de descuento en todos los productos y no existe mínimo de productos para hacer un pedido.

- <u>Consultor Senior – 35%</u>: Alcanzarás esta categoría cuando acumules 500PV en un mes natural. Puede ser en uno o varios pedidos dentro del mismo mes pero no tendrás ese descuento hasta que no sobrepases los

500PV. Este descuento es permanente y tampoco tienes una cantidad mínima para hacer pedidos al almacén.

- <u>Constructor de Éxito – 42%</u>: Este descuento lo alcanzarás haciendo un pedido de 1000PV. No se acumula en varios pedidos como el anterior, éste es en un solo pedido que haces al 42% directamente y mantendrá ese descuento el resto del mes. Este descuento no es permanente pero tampoco tienes un mínimo de productos para hacer pedidos al almacén.

- <u>Productor Calificado – 42%</u>: Este descuento se alcanza acumulando 2500PV en uno o varios pedidos a lo largo de 1-3 meses consecutivos. Para esta calificación puedes tener en cuenta el volumen comprado por tus distribuidores pero tú personalmente debes haber adquirido un mínimo de 1000PV en el periodo. Este descuento es permanente y no hay mínimo de pedido en productos al almacén.

- <u>Supervisor – 50%</u>: Es el máximo descuento permitido en venta directa de productos y se puede alcanzar en varias formas: a) Acumulando 4000PV en un mes con un mínimo de 1000PV adquiridos directamente por ti; b) Acumulando 4000PV en dos meses consecutivos con un mínimo de 1000PV adquiridos directamente por ti; o c) acumulando 4000PV a lo largo de 3-12 meses consecutivos con un mínimo de 2000PV comprados directamente por ti. Este descuento es permanente y tampoco hay cantidad mínima de productos comprados al almacén.

Tomando como referencia el producto que ponía como ejemplo antes, necesitarías 21 uds para ser Consultor Senior al 35% (un pedido de 652 €), 42 uds en un pedido para ser Constructor de Éxito (1135 €), 105 uds en dos o más pedidos para ser Productor Calificado al 42% (2835€) y 168 uds en dos o más pedidos para ser Supervisor al 50% (4535 €).

En estas categorías, desde el Consultor Senior, puedes cobrar comisiones por las ventas que hagan tus distribuidores. Éstas serán equivalentes a la diferencia entre tu porcentaje de descuento y el suyo de cada venta que realicen. El Supervisor, además, obtendrá un 5% en regalías o royalties de las ventas que realice cada supervisor que tenga por debajo de él. Ingresos heredables y para toda la vida. O eso te cuentan.

Éstos son los principales 'niveles' a la hora de comenzar en Herbalife. Hay muchos más pero no son accesibles con tanta rapidez. Piden otros requisitos.

Hasta hace apenas unos días un nuevo distribuidor podía hacerse Supervisor directamente haciendo un pedido de 4000PV al almacén. Ahora, para dificultar un poco esta práctica y evitar así que te presione tu patrocinador para que compres tanto stock de productos tu primer pedido está limitado a 1100 PV. Buena idea, a priori, pero con truco. Ahora verás por qué.

Lo que no te cuentan...
de la primera inversión en productos

Quiero recordarte que **no es obligatorio adquirir ningún stock de productos** para trabajar en Herbalife. Se pueden conseguir los porcentajes de descuento sin necesidad de comprar productos para tener stock.

Es muy probable que tu patrocinador te recomiende hacer un pedido de productos, que insista varias veces para que lo hagas, que te chantajeen un poco diciéndote que si no compras no van a poder ayudarte igual o que si no lo haces no tendrás los mismos resultados ni podrán garantizarte que ganes dinero. Pero nadie te obliga, recuérdalo. Si lo haces es bajo tu responsabilidad, tu patrocinador ahí se lava las manos. Sólo tú sabes lo que quieres o puedes permitirte invertir.

Pues bien, lo primero que hacen a la hora de explicarte cómo hacer tu primer pedido de productos es, precisamente, obviarte la información que te acabo de dar. No te dirán que puedes empezar sin hacer inversión. Te dirán, por este orden: "Puedes hacerte supervisor al 50% con 4000PV, Productor Calificado al 42% con 2500PV, Constructor de Éxito al 42% con 1000PV o Consultor Senior con 500PV. ¿Cómo quieres comenzar?"

Sólo si muestras reticencias, si pones pegas, o si les explicas que no tienes un euro en la cuenta corriente y que no tienes forma de conseguirlo, te dirán que puedes comenzar sin invertir. Si cuela, cuela.

No te cuentan, al menos de primeras, que los PV puedes conseguirlos con ayuda de tus distribuidores. Es normal, acabas de empezar, no tienes ni un distribuidor por debajo todavía. Les interesa que hagas el pedido cuanto antes y reciban su comisión rápidamente. Te recuerdo que por cada pedido que hagas al almacén, tu patrocinador se lleva el diferencial de su porcentaje de descuento y del tuyo de forma automática. Sin mover un dedo. Y tú tendrás un cargo negativo en tu cuenta corriente y un lote de productos que ni conoces ni sabes cómo vender, sin un sólo ingreso por el momento, ni una venta.

En el ejemplo que ponía antes para conseguir acceder a cada porcentaje de descuento y suponiendo que tu patrocinador esté al 50%, cuando haces el pedido del 35% él ingresará automáticamente 81€, el del 42% (no permanente) 82€, el del 42% (permanente) 195€ y si haces el del 50% ingresará 312€. De ahí la importancia que le dan a hacerte supervisor. Te dirán que es por tu bien, para que ganes más, y llevan razón, podrás ganar más por el mismo trabajo, pero el que primero gana es él, que lo tiene garantizado sólo con que tú hagas el pedido. En cambio nadie te garantiza que tú vendas esos productos.

Te dirán que si vendes un producto, obtendrás un beneficio del porcentaje que tengas de descuento. Pero si el precio de venta recomendado del Fórmula 1 son 43,68€ no vas a ganar 21,84€ siendo Supervisor, que es lo que te dan a entender. Las comisiones las calculan desde el precio base, que son 38,28€, es decir, 19,14€; sería el 44% del PVR. Nadie te lo dice.

Tampoco te dirá nadie que el descuento obtenido no es del todo permanente. Nadie te dice que tienes que recalificar en tu categoría cada año, si no te rebajarán al descuento mínimo estipulado.

En Herbalife los 'años de producción' se miden desde el 1 de Febrero hasta el 31 de enero del año siguiente. Imagina que te inicias en Herbalife como Supervisor al 50% un 15 de septiembre, por ejemplo. Pues bien, desde el 1 de febrero siguiente, es decir, 4 meses y medio después, empieza tu cuenta atrás para que vuelvas a hacer la producción que hiciste para llegar el 50%. Los 4000PV no te los quita nadie. Y si no consigues hacerlo, el día 1 de febrero del año siguiente te bajarán al descuento mínimo y, además, perderás a todos los distribuidores que tengas por debajo de ti y que estén al 50%, que pasarán automáticamente a tu patrocinador. Así, 'de gratis'. Por si no le habías regalado ya suficiente. Esto nadie te lo dice, ten cuidado.

Lo de limitar el primer pedido a 1100PV es una norma muy buena que acaban de poner para evitar que la gente haga pedidos muy grandes con el objetivo de

"Ayudar al Miembro de Herbalife a tener la experiencia necesaria con el producto y empezar a desarrollar la actividad de ventas al por menor. Evitar que se comprometa financieramente sin esa experiencia previa.". O eso es lo que anuncian como "metas/beneficios" en un comunicado con la nueva normativa.

La realidad es que tu primer pedido puedes hacerlo de 1100PV, pero te ponen un tope de 3999€ acumulados en los 10 primeros días. Vamos, que no tiene mucho sentido. Uno puede hacerse supervisor haciendo un pedido de 1100PV el día 1 y otro pedido de 2900PV el día 11; o hacer un pedido de 1100PV el día 1, registrar un distribuidor por debajo, hacer un pedido el día 2 de 2899PV y que el distribuidor nuevo haga un pedido de 1PV. También seríamos Supervisores al 50%. Vamos, que van a seguir presionándote igual. Hecha la Ley, hecha la trampa.

Algo que tampoco te dicen a la hora de hacer tu primer pedido es, a la hora de explicarte el 5% de regalías o royalties heredables y de por vida cuando alcanzas el nivel de Supervisor al 50%, es que para optar a este ingreso necesitas:

1º) Tener Supervisores por debajo.
2º) Que éstos o sus distribuidores compren producto al almacén.
3º) Hacer una producción personal mínima de 2500PV/mes.
Ya no te parece tan sencillo, ¿verdad?

EMPIEZA VENDIENDO A TUS FAMILIARES

- Venga vale, patrocinador, ¡estoy listo!, ¿qué hago ahora?

- Pues como estás empezando y no tienes la experiencia suficiente, antes de trabajar buscando contactos desconocidos, vamos a trabajar con tus conocidos que sabrán perdonar tus posibles errores, es por donde empezamos todos. Mira, tienes que hacer una lista que llamamos "La Lista 300", ¿te imaginas por qué se llama así?. Imagina que te fueses a casar la semana que viene, apunta en una lista a todas las personas que invitarías a tu boda, a todos tus conocidos. ¡O mejor aún!, ¡imagina que eres un investigador y encuentras la vacuna que previene y cura el cáncer!, ¡apunta en esa lista a todas las personas a las que se lo dirías!, te gustaría que todas esas personas estuviesen exentos de enfermar, ¿verdad?.

Te dirán mil ejemplos para que consigas apuntar a cuanta más gente mejor, el panadero, el peluquero, el vecino del 5º, la prima del cuñado del yerno de la abuela de tu tía… ¡todos!. Pero tranquilo, no es para venderles nada, es para que practiques con ellos con más confianza y no te pongas nerviosa/o al explicarles todo. O eso te dicen.

Pero claro, son tus conocidos, tu familia… si te quieren y te ven ilusionado con tu nueva actividad, ¿crees que no van a comprarte nada aunque sólo sea por compromiso?. Ésta es una de las claves más importantes del negocio y por la que deberás pasar sí o sí, como siempre, sin que te obliguen pero condicionándote.

Créeme que hay gente que gana mucho dinero sólo con esta primera tarea. Si tu familia te quiere mucho tendrás in inicio en el negocio muy bueno, pero he de reconocer que la gente es muy reacia a hacer esta tarea, teniendo en cuenta que son nuevos y no saben lo que les están ofreciendo a sus familiares. Confían en su patrocinador, sin más.

Pues bien, para ello se hace una Inauguración de Negocio, que consiste en hacer una reunión en la que se toma un tentempié y se hace como un HOM pero más cercano, personalizado y en un ambiente más distendido, un poco más informal, con el único objetivo de informar a tu entorno. Es una herramienta muy útil porque tu familia hará preguntas y tu patrocinador, que estará presente, las responderá para que veas cómo se debe hacer cuando te encuentres con situaciones similares con desconocidos.

Lo que no te cuentan...
de la Inauguración de Negocio

Se trata de vender productos a tus conocidos más cercanos, aunque no lo quieran reconocer. Ése es el objetivo. Las riendas de la presentación las llevará tu patrocinador, que como no tiene ningún parentesco con tus conocidos, actuará de la forma "que más te beneficia a ti", y directamente a él también, claro, y no escatimará en triquiñuelas, labia y palabrería necesaria para encandilar al personal y conseguir ventas. Piensa que es tu familia y que si algo sale mal es posible que la paguen contigo. Y cuando me refiero a que algo sale mal me refiero a que no consigan los resultados esperados o que no tengan un asesoramiento correcto. A pesar de que tu patrocinador tenga más experiencia que tú, tampoco hay nadie para controlar lo que diga en esa charla. Si no informa bien puede ponerte en entredicho a ti con tu familia, como eres nueva/o tampoco puedes saber si es cierto o no lo que dice.

También intentará conseguir distribuidores si ven que alguno de los presentes muestra interés por ello. Si alguno de los invitados, ante un ofrecimiento de un producto le dice que le parece caro el producto y que no tiene dinero para comprarlo… será "blanco y en botella": "¿no tienes dinero?, pues mira, puedes trabajar con nosotros desde casa y ganar más dinero. Te cuento…"

Esto no sólo no es malo sino que es muy recomendable, pero he de reconocer que es algo violento. Si realmente fuese sólo para tu formación deberías decirles a tus conocidos: "no compréis nada de esto hasta que no pueda comprobar por mí misma/o cómo son y cómo funcionan para asegurarme de que son buenos, simplemente simulad que los queréis y preguntad todas las dudas que os surjan". Eso sería lo más ético, quizá, desde un principio, aunque a la larga comprobarás que son productos muy buenos y acabarás recomendándoselos. Pero eso sí, yendo sobre seguro. Pero honestamente, si el nuevo distribuidor no pasa por un buen momento económico suele dejar la honestidad un poco de lado y dejar florecer la confianza hacia su patrocinador haciendo lo que le ordene, no le queda otra.

Reconozco que para un distribuidor la situación ideal es la de hacer una Inauguración de negocio, venderles productos a algunos de ellos y después trabajar con su Círculo de Influencias, es decir, con su entorno, el de tus familiares, no el tuyo. Así no tendrías que buscar contactos desconocidos personalmente. Esa es otra cosa que no te cuentan… tendrás que intentar que todos tus clientes te faciliten números de teléfono de sus conocidos para llamarles y ofrecerle los productos, se llama trabajar con referidos.

Lo que no te cuentan...
después de una venta

Esta oportunidad de negocio no es un trabajo de venta normal y corriente. Hay una transacción en la que entregas un producto a un cliente y recibes un dinero a cambio, sí, pero lo que hace diferente Herbalife con otro tipo de negocios es 'el servicio postventa' y la 'atención al cliente'. Cualquier otra empresa de venta directa hace precisamente eso, venderte un producto, y se acabó, si te he visto no me acuerdo, a buscar otro cliente.

En Herbalife tu trabajo no termina con la venta del producto, y eso tampoco te lo dicen. Tendrás que hacerle un seguimiento semanal al cliente, ya sea presencial o telefónicamente, para controlar su peso y medidas, su progresos, los cambios que hayan experimentado, etc. Por cierto, los gastos en transporte para ir a ver al cliente o de teléfono si les llamas también habría que descontarlo de los ingresos recibidos para calcular los beneficios netos reales al mes.

En estas llamadas surge otro momento cuanto menos llamativo. No sólo tenemos que preguntarle por su estado actual, también debemos recomendarle algunas pautas que deben cumplir en el resto de su dieta habitual. Para ponerte en situación con un ejemplo, toda persona que quiera perder peso con Herbalife, le recomendamos sustituir el desayuno y la cena por uno de los batidos nutricionales de nuestro producto estrella, la columna vertebral de Herbalife: el Fórmula 1. Pero el resto de comidas también debe controlarlas, no sirve de nada tomarse los batidos y el resto del día hincharse a hamburguesas y bocadillos de chorizo, por lo que les damos nociones de nutrición y consejos para modificar sus hábitos alimenticios.

No somos médicos, no somos nutricionistas, no somos dietistas, no somos endocrinos ni tampoco somos especialistas en herbolarios ni nada parecido, salvo excepciones de distribuidores que antes de empezar a trabajar con nosotros ya lo eran, eso es cierto, nosotros nos presentamos como "asesores de nutrición", y nos quedamos más anchos que panchos.

Esto es algo que le choca mucho a la gente, si tú que estás leyendo este libro estás pensando iniciarte en la actividad debes saber que puedes enfrentarte a gente que te pregunte y te diga que quién eres tú para recomendarle eso, que qué estudios tienes y demás. No les falta razón pero tengo que decirte que la información que nosotros damos es conocimiento general, no es necesario estudiar una carrera para saberlo, es información de primaria, nutrientes, proteínas, aparato digestivo, nada nuevo. Ahora bien, es probable que algún mal patrocinador te aconseje que recomiendes cosas sin conocimientos de ningún tipo, que se invente algún tratamiento específico, que te prometa que se curan enfermedades, etc. Y tú como eres nuevo y no sabes, pues repitas como un loro lo que te dice a tus clientes y puedas encontrarte con un problema serio que tú, y sólo tú, te comerás con patatas por recomendar un producto a una persona que no puede tomarlo.

Mi recomendación es que, ante la duda, siempre recomiendes a tu cliente consultar a su médico sobre si puede o no puede tomar un determinado producto. Hay gente que no hace esto porque tienen miedo a que su médico le desaconseje tomar esos productos porque no los conoce, porque no se fía o por lo que sea, pero si le vendes a un cliente un producto que contenga un determinado nutriente que no pueda tomar porque sea alérgico a él o intolerante puedes hacerle enfermar y darle motivos para denunciarte si quiere buscarte las cosquillas. Es algo delicado. Un curso de nutrición y dietética puede darte nociones básicas importantes para que puedas hablar con conocimiento propio y con los pies en el suelo, y las dudas, que las seguirás teniendo, al médico, siempre. No juegues a los médicos.

En los cursos de formación a los que podrás ir te darán consejos sobre nutrición que te servirán mucho, pero siempre es bueno tener dos o más fuentes de información distintas para contrastar.

Otra cosa que no te cuentan o, mejor dicho, te enseñan a hacerlo de forma diferente, es la recomendación de dosis. Por ejemplo, el producto que comentaba antes, el Fórmula 1, en la etiqueta pone claramente: "Modo de empleo: Mezclar dos cucharadas soperas con 250ml de leche semidesnatada para alcanzar los calores indicados en la etiqueta nutricional", es decir, que si lo haces así te aseguras de que ingieres todos los nutrientes que indica la etiqueta.

¿Qué te dirán que hagas?, "Añade 3 cucharadas soperas a 400 ml de agua, así añades menos calorías y pierdes peso más rápido". Ya no estás garantizando el aporte nutritivo que indica la etiqueta y estás forzando al cliente a que se le termine el producto antes de tiempo para que te compre con más frecuencia. En tus manos queda.

Otra cosa importante que poca gente sabe, es que los productos Herbalife tienen una garantía de devolución de 30 días. Es decir, si un cliente antes de 30 días quiere devolver el producto, aunque esté empezado, puede devolverlo y deberás reembolsarle el precio que pagó por él. Después, para que la empresa te reponga el producto deberás enviárselo junto con la factura de compra-venta que le entregaste el cliente. Y aquí llega un tema muy delicado.

Nadie, absolutamente nadie, te va a exigir que presentes ningún tipo de documentación sobre alta en autónomos, alta en actividades económicas, CIF, ni absolutamente nada. Para poder emitir facturas necesitas ser autónomo generalmente, para poder desglosar y facturar el pago del producto con y sin impuestos y después declararlo legalmente al Ministerio de Economía y Hacienda. Muchas, y repito, muchas personas empieza este negocio sin declarar absolutamente nada. Esto es un fraude, es importante que lo sepas, y nadie te va a decir absolutamente nada ni mucho menos va a dar la cara por ti en caso de problemas. Conozco casos en los que no se informa correctamente a los distribuidores y cuando hacen la declaración de la RENTA anual les llega con sorpresa. Si lleva poco y no gana mucho es probable que no tenga que pagar mucho, con suerte. Tampoco digo que sea 100% seguro que te vayan a 'pillar', pero por si acaso consulta con un asesor fiscal y sopesa las diferentes alternativas que te ofrezca. Te puedes encontrar que un cliente te devuelva el dinero, no puedas recuperar ese dinero por no haber podido emitir la factura y que además te detecte Hacienda y pierdas dinero. Más vale prevenir que curar. Infórmate bien sobre este tema.

PRINCIPALES MÉTODOS
DE TRABAJO

De entre las muchas alternativas que se ofrecen para desempeñar el negocio, las diferentes tareas que hay, las más eficaces son las más costosas de realizar. No en cuanto a lo material o económico si no en lo que debes hacer con cada tarea y el proceso hasta llegar a formalizar una venta. Cuanto más labia, cuanto más 'cara dura', cuanto más 'echao p'adelante' y cuando más 'sinvergüenza' seas más posibilidades tienes de tener éxito. Si eres tímida/o o lo cambias o te dedicas a otra cosa. Siento ser tan duro pero es así.

Te pongo en situación: Empezamos el 'trabajo desde casa' saliendo a la calle bien entrada la mañana por una calle principal de la ciudad donde vivimos, una muy frecuentada, y que no sea hora punta. Seguro que has visto esos que te paran por la calle para que te apuntes a una ONG o para que te suscribas a una determinada revista o compres un seguro, pues esto es igual. Y créeme que no todo el mundo está ni dispuesto ni preparado para pasar por eso, por inexperiencia y desconfianza principalmente. Y por miedo al rechazo después.

"Perdone, ¿tiene un minuto?, estamos haciendo una encuesta sobre bienestar, ¿puede contestarme unas preguntas?". Les haces unas preguntas a las que no harás mucho caso y le pedirás su teléfono para llamarles después con más tiempo para explicarle tranquilamente todo.

El 90% de las veces no pasarás de la primera pregunta. La gente no te dedicará un minuto. Algunas veces te contestarán mal, otras te insultarán, pero bueno, hay gente para todo. De la gente que te atiende, el 10% restante, te darán sus datos y cuando les llames, con suerte podrás contactar con 2-3. Y la media es que 1 de cada 10 contactados por teléfono puede finalmente comprarte algo. ¿Lo ves claro? Nadie te explica esto tampoco. Éste es un ejemplo, pero ahora te explico los principales métodos:

Usar, llevar, hablar: Lo principal, lo más básico que te recomiendan es que seas marca de la marca. Es quizá la herramienta más fácil pues es un método natural. Lo único que tienes que hacer es usar los productos en público, vestir la ropa de Herbalife y utilizar las chapas promocionales para llevar la marca y hablar con todo el mundo sobre los productos, el negocio, etc.

Desayuno saludable. Consiste en promocionar el consumo de los productos a la hora del desayuno. Sustituye el Formula 1 por su desayuno poco saludable. Debes buscar gente que quiera sustituir su desayuno e ir invitando a sus conocidos al desayuno saludable para seguir obteniendo clientes.

Fiestas de batidos: "Las Fiestas de Batidos son reuniones sociales para introducir los productos de Herbalife a personas que proceden por lo general de su círculo de influencia, en un ambiente relajado. La intención es llevar a cabo una fiesta en la que simplemente se les ofrece probar los productos dentro de un ambiente relajado de forma que los invitados no se sienten bajo la presión ni obligación de comprar productos."

Fiestas para el cuidado de la piel: Es similar al anterior pero con los productos de nutrición externa. "El propósito es permitir que sus clientes conozcan Herbalife dentro de un grupo reducido e íntimo donde podrán probar los productos antes de comprarlos."

Evaluación de bienestar: Muchos distribuidores lo llaman también estudio nutricional. "Las Evaluaciones de Bienestar son una forma excelente de involucrar a la gente captando su atención durante unos minutos. A cambio, se les proporciona información sobre su forma de alimentación que podrían desconocer. Completar la Evaluación de Bienestar consiste en responder una serie de preguntas que identifican los indicadores comunes de la nutrición en general de una persona y su bienestar proporcionando oportunidades para ofrecer algunas soluciones de Herbalife con posterioridad".

Escuela de Alimentación Correcta: "Busque un lugar para celebrar sus reuniones semanales. Es necesario que encuentre un espacio que permita la asistencia para unas 20 personas. Es importante que tenga un ambiente cálido y agradable con acceso a mesas y sillas.

Un área en una cocina podría servir para preparar la degustación de productos. Un sitio ideal podría ser una biblioteca, una oficina, un colegio o centro comunitario e incluso una iglesia.

Sería estupendo encontrar un lugar que le saliera gratis aunque en la mayoría de los casos, le pedirán que pague una pequeña cuota semanal para alquilar el espacio.". Esto es como un curso de alimentación que se llevará a cabo durante 24 semanas en las que, con ayuda de una presentación PowerPoint, explicarás nociones básicas sobre nutrición a un grupo de personas asistentes: carbohidratos, la energía, la importancia del agua, el ejercicio físico, las grasas, etc.

Club de Nutrición: "Los Clubs de Nutrición son reuniones sociales que unen a personas que se convierten en asistentes con el deseo de enfocarse en una buena nutrición y en la práctica de ejercicio regular para alcanzar un bienestar óptimo."

Esta es una de las herramientas que más éxito tienen en Latinoamérica. Se trata de un local que se utiliza a modo de 'bar' en el que sólo se sirven los productos de Herbalife, obviamente. La gente acude a desayunar cada día y así fidelizas clientes. Te explico el funcionamiento: sales a la calle a entregar invitaciones para el club de nutrición a la gente que pasea por la calle, si alguien quiere le acompañas al club y empieza todo el proceso de fidelización. Se trata de un complejo entramado de tareas repartidas alternativamente entre 4 integrantes del club. Cada uno tiene su tarea claramente especificada, uno se encarga de llevarle al club, otro, mientras éste le prepara el batido, se acerca a comentarle su experiencia, otro le habla sobre los beneficios de los productos, otro viene a alabarle sus progresos y el último se encarga de cobrarle y asegurarse de que vuelva al día siguiente. Es realmente increíble pero muy bien estudiado. Lo complicado de esta tarea es el reparto de beneficios entre los cuatro integrantes del club, pues suele haber enfrentamientos si uno trabaja más que otro, o se lo toma más en serio que otro. No olvidemos que las ventas y los puntos obtenidos son personales de cada distribuidor. Es posible que acabes trabajando más que los demás y ganando lo mismo si no eres espabilada/o.

Centro de Bienestar: "Los Centros de Bienestar son un gran método para apoyar la venta, el reclutamiento y la duplicación ya que proporcionan un lugar en el que los Miembros pueden construir y mantener relaciones con sus clientes o con aquellos a quienes puedan patrocinar". "Muchos de los visitantes podrán disfrutar la experiencia de asistir de forma regular a un Centro de Bienestar, tanto que podrían llegar a convertirse en clientes o Miembros de Herbalife.". Sencillamente, se trata de tener un local en el que puedes desarrollar diferentes métodos: puedes impartir la Escuela de Alimentación Correcta, puedes realizar Evaluaciones de Bienestar, Fiestas de Batidos, etc. Es como tener tu propio centro de trabajo en un local u oficina.

Herbalife Fit: O Fit Club. "Las acciones del Estilo de Vida Activo de Herbalife funciona de dos maneras: 1) La exposición de nuevos clientes de cara a un estilo de vida activo y saludable. 2) Permite a los Miembros Independientes presentar a sus clientes los productos Herbalife y los beneficios nutriciones que éstos proporcionan. Lo más importante, los clientes pueden conseguir sus objetivos de una forma divertida y social."

Para aclarar dudas, consiste en hacer quedadas para hacer deporte con un grupo de personas interesadas. Una vez hecho el ejercicio se finaliza el trabajo en un lugar de reunión donde se consumen los productos a modo de recuperación física mientras se dan explicaciones acerca de los beneficios de los productos.

Roadshow: Consiste en instalar una carpa o stand promocional en un centro público o en un evento deportivo para dar a conocer y/ o probar los productos.

Éstos son los métodos que indica la página oficial de Herbalife dentro del área personal del Distribuidor, pero hay otros:

Hacer encuestas: Consiste en parar a la gente por la calle y hacerles un pequeño cuestionario. Al terminarlo se le piden sus datos por si quieren recibir información adicional o una evaluación de bienestar.

Carteles de tiritas: Poner los típicos carteles de tiritas con tu teléfono e información de tus servicios en establecimientos que te autoricen.

Acuerdos de colaboración: Se trata de poner un cartel en los establecimientos con los que lo acuerdes en el que se indique: "Por cada compra superior a X € te regalamos una evaluación de bienestar". Tú sólo tienes que encargarte de recoger los datos de los clientes en las tiendas y establecer citas después.

Anuncios en Internet: Poner publicidad en internet ofreciendo evaluaciones de bienestar, hidrataciones faciales, actividades deportivas, etc. Se trata de promocionarte en la red con tu número de teléfono y/ o email.

Tienda online: Cumpliendo con la normativa de Herbalife, puedes montar tu propia tienda virtual de productos.

Telemarketing: Se trata de coger la guía telefónica e ir llamando al azar a números para ofrecer tus servicios y agendar citas con los interesados.

Presentaciones/ Charlas: Para desarrollar esta herramienta necesitas algo de trabajo previo para buscar un local, poner carteles anunciando la fecha del evento o publicitarlo por el 'boca a boca'. Es sencillo, reúnes un grupo de gente y les das una charla sobre nutrición básica y les hablas de los productos. Como las reuniones de TupperSex.

Plan Total: Son reuniones en casa de algún interesado en las que se junta un grupo reducido de personas y donde se les informa de todo: nutrición, nutrición interna, nutrición externa y negocio. De ahí su nombre.

Entregar tarjetas/ folletos: Aquí no tienes que decir nada. Sólo baja a la calle, busca una calle concurrida y entrega tarjetas de visita con tus datos e información del servicio que ofreces a todo el que puedas.

Hay muchas herramientas diferentes pero básicamente la metodología es la misma en todas, se trata de buscar la que te guste más o en la que te sientas más cómoda/o. O menos incómoda/o, mejor dicho.

Lo que no te cuentan...
de los métodos de trabajo

Todos los manuales te indican claramente lo que debes hacer, tener un amplio abanico de cremas para mostrar, un sabor de cada producto de nutrición interna para dar a probar... pero nadie te dice que esas muestras... ¡los pagas tú!, ¡lo pones de tu bolsillo!, y una vez empezados ya no los puedes vender. Estos regalos también tienes que tenerlos en cuenta a la hora de calcular tus ganancias netas.

Y el objetivo, el mismo también: vender, y conseguir que te den referidos, esos números de teléfono de personas de su entorno a la que ofrecer los productos. Tendrás que decir: "¡Muchas gracias por tu compra, María!, oye una última cosa, estamos regalando estudios nutricionales gratis a través de nuestros clientes, ¿conoces a alguien que tenga que perder peso o mejorar su salud para que le hagamos el regalo en tu nombre?", y así una y otra vez, una y otra vez, una y otra vez... Es como un árbol genealógico, cada vez se va ramificando más. O ese es el objetivo, claro.

No te cuentan que la empresa no te facilita absolutamente nada para el desarrollo del método de trabajo que escojas. Información te dan mucha, eso no falta. Desde tarjetas de visita, formularios de contacto, folletos, etc. hasta una báscula, un local o la gasolina para desplazarte y, por supuesto, los productos que entregas de muestra, ¡los pagas tú!. Seguimos viendo cómo el porcentaje de beneficio de los productos sigue cayendo si tienes en cuenta todas estas inversiones.

Voy a ponerte un ejemplo. Imaginemos que eres un distribuidor que acaba de empezar, que te has hecho supervisor y que estás realizando encuestas por la calle enfocadas a realizar al interesado una evaluación de bienestar posterior. Vamos a empezar a contabilizar gastos fijos en un mes natural para poder desarrollar este trabajo. No voy a tener en cuenta el pago de la licencia (unos 65€ en España) ni si has hecho alguna inversión en productos, que también serían movimientos en negativo en tu cuenta corriente:

En cuanto a tu formación: STS (30€), cuota oficina (50€), transporte para formación (30€). En cuanto al método de trabajo: Tarjetas de visita (15€), folletos (20€), transporte (30€), báscula Tanita o similar (50€), gastos en llamadas/internet (60€), gastos en muestras de productos (50€), gastos de envío en productos si no recoges en almacén (8€/pedido. Pongamos 30€ como cantidad orientativa). Si existe evento trimestral o anual (+120€) y si no tienes traje para asistir a los eventos (+200€), pero éstos tampoco los contabilizo, te lo escribo a modo de referencia. Pues bien, 365€ como mínimo de gastos al mes. Teniendo en cuenta el producto que estamos utilizando como ejemplo en el libro, el Fórmula 1 de Herbalife, tendrías que vender unas 20 unidades de este producto.

Para que te hagas una idea, en Herbalife tenemos la referencia del 10% o "uno de cada diez" a la hora de realizar métodos de trabajo y calcular la cantidad de contactos que tenemos que manejar para hacer una venta. Pues bien, en el caso del ejemplo que estás haciendo encuestas por la calle, si una persona de cada diez se para a atenderte, si una de cada diez agenta una cita cuando le llamas, si una de cada diez acude a la cita y si una de cada diez que acuden a la cita deciden comprar el producto, necesitarías parar en la calle a 1000 personas, de las cuales 100 acordarán una cita contigo, 10 acudirán a la cita, y 1 decidirá comprar. Sin tener en cuenta la gente que no te quiere dar el teléfono, o que no te coge el teléfono cuando le llamas, o que te ha dado un teléfono falso, etc. Estos porcentajes son orientativos, a medida que va avanzando el proceso se va aumentando como norma general, pues una vez acuerdas una cita con una persona normalmente suelen ir casi la mitad, pero estos números te los irás ganando con experiencia. Al principio todo cuesta mucho.

100

TU FORMACIÓN

"¡Piensa en grande!", te dirán, "Si no tienes dinero, con más razón debes tener stock de productos", o "No es lo que aprendas en los eventos, es lo que no aprendes si no vas". Y aquí quiero hacer un inciso…

Resulta que un STS de un sábado cualquiera, dependiendo de tu status, puede durar desde las 9:00 de la mañana hasta las 19:00 o 20:00 de la tarde, por el módico precio mencionado anteriormente de unos 20-30€ (para comer te dan una barrita para que no mueras de inanición, en algunos eventos sí que tienen tentempié para todos. Llévate comida por si acaso. A los que hacen una producción especial el mes anterior sí que los invitan.).

No sé muy bien cómo explicar esto porque hay que estar ahí para entenderlo, pero cuando te digo que en esa maratoniana jornada te dedicas a tomar nota de todas aquellas cosas que desconocías, que consideras relevantes para tu negocio o que crees que pueden ayudarte en el futuro, aunque en ese momento no lo entiendas mucho, y llegas a tu casa y repasas tus anotaciones te das cuenta de la cantidad de 'paja' que hay en un evento así. Pensarás "con esa cantidad de horas me convalidarán un máster o por lo menos me darán créditos para el proyecto fin de carrera". Pues igual 4 o 5 folios dan para un Doctorado, pero no te da más que para escribir eso. A no ser que seas capaz de escribir a mano 2500 caracteres por minuto y anotes todos los testimonios que escuches. En tal caso podrías llegar a los 20-30 folios, no sé si me sigues.

Supongo que es su metodología tradicional que han llevado a cabo desde el año 1980 y que tan fehacientemente llevan a cabo. Es evidente que les ha funcionado, pero también es importante que lo tengas en cuenta y que no te lleves las manos a la cabeza cuando te des cuenta de que todo lo que has aprendido en 10h podrías haberlo hecho en una. Eso sí, con menos música, menos bailes y algo más aburrido, lo reconozco.

Pues esto pasa con todos los eventos a los que acudas. "Mucho ruido y pocas nueces", es lo que hay.

Te detallo los diferentes eventos formativos a los que podrás acudir como miembro o distribuidor:

- Universidad del éxito: Sin clases de entre una y dos horas de duración que suelen impartirse de uno a tres días por semana, y puede hacerte a través de internet o presencial. Aquí se aprende todo lo básico del negocio: características de los productos, métodos de trabajo, plan de marketing, ética, promociones, consejos de nutrición, etc.

- STS (Success Training Seminar). O "Seminario de entrenamiento para el éxito". Anteriormente hemos visto el apartado HOM que incluyen estos eventos, en los que pueden asistir personas que todavía no se han registrado en Herbalife, ellos van por la tarde, desde las 15:30 o 16:00 aprox. Los miembros o distribuidores ya registrados acceden a estos eventos desde las 9:30 – 10:00 de la mañana aprox. ¿Qué nos enseñan todo este tiempo?, pues para lo que se extiende en el tiempo, no demasiado: características de los productos, oratoria, métodos de trabajo, ética, consejos de nutrición… y mucha música, eso sí, no van a dejar que te duermas, no, cada cierto tiempo ponen música a tope y a aplaudir, saltar, bailar, subirse a la silla y hacer un poco el tonto para despertarse. Yo volvía con dolor de manos a casa, no digo más. Todo un día de aprendizaje de 10 a 19h por unos 25€ y gratis una barrita de chocolate para que no pases hambre. Me gustaría poder extrapolar todo el temario de un día en estos eventos a un aula de instituto a ver cuántas horas necesitan ellos para explicarlo, en fin. Se suelen hacer en hoteles de 4 o 5 estrellas, la apariencia también importa. La vestimenta es formal/elegante; traje. Se realiza uno al mes al menos en las principales ciudades.

- FSF (Fin de Semana de Formación): Como su propio nombre indica, se trata de un fin de semana completo de formación de jueves a domingo. Cuanto más elevado es tu rango antes podrás asistir al evento. Para distribuidores normalmente sólo sábado y domingo. El jueves suele hacerse un 'paseo' consistente en visitar alguna zona emblemática de la ciudad en la que se celebre el evento, o realizar actividades de ocio como esquí, multiaventura, carreras de karts, parque de atracciones, etc. Para poder optar a este 'paseo' gratuito tienes que haber realizado una producción concreta en los 3-4 meses anteriores. Normalmente unos 2500-3000PV/mes dependiendo del 'nivel de calidad del paseo'. He de reconocer que en estos paseos es donde más puedes aprender si eres un poco avispado, pues mientras te diviertes con un grupo reducido de compañeros, puedes aprovechar para preguntar lo que quieras y resolver tus dudas. Para mí lo más cómodo, pero llegar hasta ahí no lo es tanto, claro. Los viernes suelen dejarse para la formación de distribuidores de mayor rango y se van incorporando poco a poco miembros de menos estatus conforme va avanzando el fin de semana. Aquí se aprende lo mismo que en un STS que quizá de forma más detallada y extendida y en un ambiente algo más distendido e informal. A mí son los eventos que más me divierten, entretienen y enseñan. También suele aprovecharse para realizar el lanzamiento de algún nuevo producto y suelen asistir invitados exitosos de renombre mundial dentro de la empresa. Estos eventos también suelen realizarse en hoteles, en este caso de 3 o 4 estrellas, no es necesario asistir con traje y se celebra cada 3 meses y suele repartirse en varias provincias para facilitar la asistencia de los distribuidores. En España, por ejemplo, se hacen 5 o 6 estratégicamente repartidos para abarcar todo el país. Su ticket suele costar entre 70 y 150€ aprox. (dependiendo de los días que vayas a asistir).

- Evento Nacional, Escuela de WT, Extravaganza, y Summit: Son eventos que se realizan una vez al año. Los dos primeros se realiza dentro del ámbito nacional, normalmente en una capital de provincia, y suele requerirse una producción mínima previa en los 3-4 meses anteriores y/o un estatus mínimo. Aquí hay mucha formación de calidad, es muy similar al FSF pero al ser a nivel nacional y congregar un número de asistentes mucho mayor, suelen tratarse temas más novedosos e importantes, además de contar con varios invitados especiales muy importantes dentro de la empresa (presidentes, médicos, distribuidores top, etc). La Extravaganza es un evento que se realiza una vez al año en algún país europeo. Debido al aumento de distribuidores en los últimos años suelen realizarse 2 o 3 simultáneamente en diferentes países. Este evento es más festivo que formativo. Aquí el frikismo aflora por los cuatro costados y ves distribuidores con la cara pintada con el logo de Herbalife, tatuajes de Herbalife, costes de Pelo de Herbalife, camisetas, banderas, todo tipo de gorras y atuendos de la marca, mucha música y despiporre. Se suelen lanzar nuevos productos, suele venir Michael O. Johnson, CEO de Herbalife, el que lleva las riendas y anterior presidente de Walt Disney, que nos habla sobre los números de Herbalife: las ventas, ingresos, expansión, cotización en bolsa, nuevos productos, etc.

También suelen asistir miembros del consejo consultor médico de la empresa para hablarnos de nutrición y ciencia en los productos, explicando pormenorizadamente los beneficios de los productos. Suele celebrarse en pabellones de gran capacidad (20.000 personas). Un DJ ameniza el fin de semana con música molona a tope y efectos de luz que no envidian a ningún festival de música electrónica. Te lo pasas bien y conoces mucha gente. Precio del ticket: 70-100€, a lo que debes añadir hotel, vuelo, desplazamiento, comidas, etc. La vestimenta es… lo que te dé la gana, así de simple. Recomiendo vivir la experiencia de uno de estos eventos, es aquí donde ves la grandeza de la empresa… o el nivel de locura de la gente, según se mire. El Summit es un evento exclusivo para los distribuidores de mayor estatus, los miembros del equipo de presidente, entre los que se reparte el 1% de la facturación mundial total de la empresa, aunque también tienen su apartado de formación, es casi algo secundario. El pasado año 8 millones de euros se repartieron entre los más productivos. Sólo he podido asistir una única vez a este evento como invitado y es algo espectacular la lluvia de cheques y con qué cantidades. Un cheque de 100.000€ ahí es casi calderilla. El distribuidor n°1 del mundo se lleva un cheque de más de millón y medio de euros, ahí en un rato, como si nada. Se celebra en hoteles de 5 estrellas en un país cualquiera del mundo y la vestimenta es de gala, no podía ser menos. El precio del ticket suele ser de 100-150€, más vuelo, hotel, etc. Pero vamos, en este caso, eso es lo de menos, ¿no crees?

- Puntualmente también existen unos eventos que yo considero muy importantes también por varias provincias del país. Suelen ser giras que hacen los médicos de la compañía explicando las características de los productos, su contenido, los beneficios de tomarlos, las contraindicaciones, consejos para venderlos, etc. También se imparten jornadas de actualización para médicos en los que es interesante poder asistir para ponerse al día de las novedades.

- Con respeto a tu formación, lo dejo para el final por ser algo más específico, pero no por ello menos importante, son los denominados Grupos de Enfoque. Se trata de hacer reuniones con tu patrocinador y un grupo reducido de distribuidores en los que te enseñan a ser constante y efectivo. Te ayudan a ponerte un plan de trabajo, a llevar a cabo tus números, tus estadísticas, y a obtener resultados. Es muy efectivo aunque algo pesado porque tu patrocinador hace el papel de jefe exigiéndote resultados cada semana, pero sirve de mucha ayuda.

110

LOS PRODUCTOS
QUE DEBERÁS VENDER

En este capítulo pretendía hacer una descripción detallada de cada producto pero necesitaría hacer una publicación por fascículos, así que me limitaré a resumir los aspectos generales de los mismos en varios puntos:

- El producto estrella es el Fórmula 1. Es un batido nutricional en polvo que puedes mezclar con agua, zumo, leche, etc. Tiene todos los nutrientes esenciales y muy pocas kcal. Está considerado como sustitutivo de comida porque es muy completo.

- Los productos de Herbalife, aunque no lo especifique en su etiquetado, están destinados para la pérdida de peso. Los más eficaces en este sentido son el Fórmula 1, la Bebida Instantánea de Hierbas (o Thermojetics) y el Fórmula 4 (O Cell u Loss). El Fórmula 3 Proteína Personalizada es ideal si, además, no eres capaz de controlar la ansiedad de comer, pues al ser una proteína vegetal de asimilación lenta te mantiene saciado por más tiempo. Pero esto yo no lo he dicho que Herbalife no nos deja decir que es saciante…

- Existen unos productos destinados a deportistas, especialmente la gama Herbalife H24, con varios productos para tomar antes, durante y después del entrenamiento, además de una correcta recuperación nocturna, además están testados contra sustancias prohibidas.

- Poca gente lo conoce, pero existe un baremo que evalúa el nivel de asimilación de un determinado nutriente denominado PDCAA. En Herbalife tenemos la proteína de mayor calidad, con un nivel de PDCAA = 1, el máximo valor. Indica que tu cuerpo asimila el 90-95% de la proteína que ingiera y, por lo tanto, la aprovecha más. Las marcas convencionales tienen un porcentaje de asimilación de entre el 40-60%.

- Algunos de nuestros productos están formulador por el Premio Nobel de Medicina Louis Ignarro, principalmente enfocados a la mejora del sistema cardiovascular. Muy buenos.

- Existen otros suplementos que se conocen como Nutrición Objetiva, que incluye un extra de vitaminas, de calcio, de omega 3, de antioxidantes, de energía puntual, etc.

- También tenemos productos de nutrición externa, cremas para el cuidado de la piel y cuidado del cabello. Hay cremas para pieles más jóvenes y para las más maduras, para zonas específicas de la piel, con FPS, para el cuidado básico, etc.

- Todos los productos incluyen en su etiqueta el modo de empleo y dosis para su consumo. No juegues a ser médico, respétalas.

- Los productos de Herbalife cumplen con la Ley del Etiquetado (todo lo que indica la etiqueta es lo que hay dentro del bote, y viceversa) y con la Ley de Megadosis (puedes tomarte un bote entero del producto que no vas a morir de sobredosis). No son medicinas.

- Los productos de nutrición externa no han sido testado en animales.

- Todos los productos contienen ingredientes procedentes de EEUU (soja), México (aloe vera) y China (té y hierbas) de la máxima calidad. Incluso ya contamos con campos de cultivo propios, de la semilla a tu casa, todo controlado por Herbalife.

- No todos los países tienen a la venta los mismos productos ni en los mismos sabores. Los estudios de mercado determinan qué productos se venderán en cada país.

- Hay que vender, sí, pero no todo el mundo necesita tomar todos los productos. Sé profesional y honesto. Y si dudas, que consulte al médico.

- Más info en www.herbalife.com

116

Lo que no te cuentan...
de los productos

Una vez tenemos nuestro stock de productos y tenemos al alcance de click todo un catálogo de productos para poder vender queremos venderlo todo y a toda costa. Pero cuidado, un poco de cautela en este aspecto que hay cosas que nadie te cuenta…

No debes vender todos los productos posibles a una misma persona. Véndele lo que necesite y lo que esa persona te pida, no intentes venderle con calzador cosas que no necesita porque acabará sintiéndose engañada y no sólo no volverá a comprarte si no que seguramente no hablará muy bien de ti ni de los productos.

Si una persona te dice que quiere perder peso no tiene sentido que quieras venderle un suplemento deportivo y unas tabletas de guaraná o una crema de contorno de ojos. Lo primero es lo primero, Fórmula 1, Bebida Instanánea de Hierbas, Fórmula 4 y, si lo necesita, Fórmula 3 e incluso Fórmula 2, el complejo multivitamínico. Todo según su presupuesto pero no te salgas de ahí si no te lo pide. Infórmale de todo e igual se interesa por otros productos pero no le presiones.

Otra cosa que no todo el mundo sabe, a una persona intolerante a la fibra no puedes venderle el Fórmula 1, a una persona que esté tomando pastillas para la circulación no puedes venderle tabletas de Omega 3, a una persona que esté tomando sesiones de diálisis no puedes venderle casi nada, sólo Fórmula 3, a una persona con diabetes no puedes recomendarle sustituir dos comidas al día por un batido, los niños no deben tomar la misma cantidad que un adulto, no puedes vender el Fórmula 1 a una persona celíaca, ni intolerante a la lactosa, ni tiene sentido vender un producto sin hierro a una persona con anemia. Recuerda, no somos médicos. Si dudas, que consulte al médico. No te metas en líos. Muchas de estas cosas las aprenderás en los eventos en los que asistan los médicos de la compañía a explicar los productos.

Respeta las dosis. Es verdad que no ocurre nada si te tomas un bote entero de producto, lo he comprobado, como mucho puedes estar un día en el baño por exceso de fibra o dormir poco por las noches por exceso de té o cafeína, pero la gente no es tonta y se da cuenta de que lo que intentas es que se les acabe el producto pronto para que vuelvan a comprarte. Los botes de tabletas están hechos para un mes de duración.

LOS GASTOS AÑADIDOS
CON LOS QUE NO CUENTAS

Aunque ya hemos visto un poco esto en capítulos anteriores voy a hacer un resumen global de lo que puede suponer un año en Herbalife si tu nivel de implicación es tal y como te recomienda tu patrocinador. Voy a hacer un simulacro de lo que sería un año natural para una persona que decide ir rápido y ganar el 50% desde el principio:

01/01 – Asistencia a Presentación HOM (10€)
01/01 – Compra licencia (63€)
01/01 – Pedido Productos 42% (1100€)
11/01 – Pedido Productos 42% para Sup. (2900€)
15/01 – Reserva Sala Para Inauguración (100€)
15/01 – Tarjetas de Visita (25€)
15/01 – Catálogos de Productos (25€)
15/01 – Folios y tinta para impresos (20€)
16/01 – Ropa Herbalife para trabajar (100€)
16/01 – Licuadora para batidos (50€)
16/01 – Kit espejos y toallas para Plan Total (60€)
16/01 – Compra Tanita (60€)
20/01 – Anuncios en prensa e internet (50€)
25/01 – Gasolina/transporte del mes (40€)
30/01 – Gastos teléfono (30€)
01/02 – Compra traje para eventos (120€)
01/02 – Ticket STS (25€)
01/02 – Cuota Oficina (50€)
01/02 – Reposición de productos (300€)
25/02 – Gasolina/transporte del mes (75€)
25/02 – Parking (15€)
30/02 – Gastos teléfono (60€)
01/03 – Ticket FSF (75€)

01/03 – Cuota Oficina (50€)

01/03 – Reposición de productos (300€)

25/03 – Gasolina/transporte del mes (120€)

25/03 – Parking (15€)

30/03 – Gastos teléfono (60€)

01/04 – Ticket STS (25€)

01/04 – Cuota Oficina (50€)

01/04 – Reposición de productos (300€)

25/04 – Gasolina/transporte del mes (75€)

25/04 – Parking (15€)

30/04 – Gastos teléfono (60€)

Y así sucesivamente, sin contar las comidas que tengas que hacer fuera y el vuelo a eventos internacionales, tasa de autónomos, cuota anual de procesamiento, parte proporcional de consumo de luz e internet, etc. **10300€** de gastos fijos en un año. Más te vale aplicarte para vender productos si quieres tener resultados… Pero no dejes que te lo pinten tan fácil, que cuanto te dicen que ganas un 50% ya sabes que no es real, y que además tienes que amortizar muchas otras cosas como ves en la lista, que eso no lo debes poner de tu bolsillo.

PUEDE SER UN FRAUDE
EN VENTA DIRECTA, PERO…

Efectivamente, no te asustes, es así.

La mayoría de la gente que inicia su andadura en Herbalife lo hace de forma fraudulenta. Ni están dados de alta en autónomos, ni declaran sus ingresos y muchas veces, además, son empleados, parados o jubilados que obtienen estos ingresos adicionales en dinero negro. Es la economía sumergida.

Es sencillo, tú te registras en Herbalife, no te piden CIF de empresa, ni alta en autónomos ni nada... tú haces tu pedido de productos con tu factura y todo, declaras tu IVA y todo correcto. Al fin y al cabo es una compra, sin más. Pero a la hora de revender esos productos, muy poca gente entrega factura al comprador. Es decir, le entregan el producto, lo cobran, y listo. Dinero negro en 3, 2, 1... Fácil. Puedes ganar mucho dinero vendiendo productos sin que nadie sospeche.

Pero todo tiene un pero y éste no iba a ser menos: Cuando un producto quiere devolver su producto porque no le gusta, no lo convence o lo que sea, lo puede hacer, recuerda que los productos Herbalife tienen una garantía de satisfacción de 30 días. Pues bien, para poder devolverlo a Herbalife y que la empresa te reponga el producto debes entregar la factura de compra-venta con el cliente. Si no eres autónomo y, por lo tanto, no tienes... ¿adivinas dónde va el producto devuelto ya sea al 70% o al 25%?, efectivamente, te lo comes con patatas, y encima tienes que devolverle el dinero. Olé.

Pero además, si no te limitas únicamente a la venta de productos y también quieres crear tu grupo de distribuidores (como es lógico), empezarás a cobrar comisiones y regalías o royalties, aunque no quieras. Éstos te los paga la empresa por transferencia bancaria, ¡ya tan re-bien!. ¡Qué ilusión!, gano dinero por la venta y por los distribuidores que se registran a través de mí por su trabajo, ¡estoy ganando una pasta!. Pero llega el mes de abril y toca hacer la Declaración de la RENTA. De ahí no te escapas. Te han pillado. Te toca pagar una multa y declarar todo lo que has ingresado. Si tienes suerte y no has ganado mucho igual no tienes que pagar mucho pero como tengas unos ingresos considerables ve preparando la cartera. Con estos gastos tampoco contabas, ¿eh?.

Mi consejo, como siempre, es que acudas a informarte a un asesor fiscal, sólo él puede aclararte estos asuntos y evitarte así disgustos futuros. Piénsalo y actúa con cabeza.

SUBIENDO DE CATEGORÍA

Pues sí, como en cualquier empresa de MLM hay categorías, o estatus. Cuanto más alto es tu estatus más beneficios obtendrás, pero más difícil es llegar, lógicamente.

En Herbalife con casa ascenso te hacen entrega de un PIN representativo en el siguiente evento al que asistas dentro del mes que has alcanzado la producción para dicho estatus. Empiezas con un pin de chapa cutre y acabas con un pin de oro y brillantes, entre otros regalos. Lógico.

Vamos a ver los diferentes niveles y algunos de sus beneficios. No voy a entrar en lo que hay que hacer para llegar a este estatus para no extenderme demasiado y es sólo para que te hagas una idea de lo que se trata el Plan de Marketing. Ya te informarán detalladamente sobre ello:

- Miembro o Distribuidor: 25% dto. en productos.
- Consultor Senior: 35% dto. en productos y 10% en comisiones por lo que vendan tus distribuidores.
- Constructor del éxito: 42% (primer mes) dto. en productos y 10% o 17% en comisiones.
- Productos Calificado: 42% dto. en productos y 10% o 17% en comisiones.
- Supervisor: 50% dto. en productos, 8%, 15% o 25% en comisiones y un 5% en regalías o royalties de sus Supervisores. Formaciones de mayor nivel.
- World Team: 50% dto. en productos, 8%, 15% o 25% en comisiones y un 5% en regalías o royalties de sus Supervisores y WT. Formación de mayor nivel.
- Global Expansion Team: 50% dto. en productos, 8%,

15% o 25% en comisiones, un 5% en regalías o royalties de sus Supervisores, WT y GET, y un bono mensual del 2% de todo lo que hagan sus distribuidores. Formación de mayor nivel.

- Millonario: 50% dto. en productos, 8%, 15% o 25% en comisiones, un 5% en regalías o royalties de sus Supervisores, WT, GET y Mill., y un bono mensual del 4% de todo lo que hagan sus distribuidores. Formación de mayor nivel.

- Presidente: 50% dto. en productos, 8%, 15% o 25% en comisiones, un 5% en regalías o royalties de sus Supervisores, WT, GET, Mill. y Pres., y un bono mensual del 5-9% de todo lo que hagan sus distribuidores. Cheque anual a los más productivos del mundo. Formación de mayor nivel.

Obviamente no quiere decir que cuando alcances un determinado nivel no puedas volver a bajar, si no produces lo suficiente volverás para abajo.

Aquí no sólo hay que tener en cuenta tu habilidad como vendedor/a, momentos de crisis, catástrofes naturales en determinadas zonas o incluso noticias negativas publicadas en los medios de comunicación pueden dar al traste con años de trabajo.

PROMOCIONES

Hablemos de las promociones…

Es una estrategia muy eficaz para la empresa. Se trata de poner incentivos si haces cierta producción en uno, dos, tres o cuatro meses consecutivos. Hay regalos de merchandising, premios en metálico, viajes, cruceros, tecnología, etc. Con esto consiguen que te esfuerces al máximo para que tú y tu grupo de trabajo venda el máximo número de productos posible. O mejor dicho, que compren al almacén, que es lo que cuenta.

Y en este sentido la empresa es muy estricta, si piden hacer una producción de, por ejemplo, 25000€ en 3 meses consecutivos (aunque internamente se mide en puntos, lo entenderás mejor si te hablo en €), no sirve que hagas 24999€. Te quedas sin crucero. Pero es lo que hay.

Salvo que en muchos casos tienes que pagarte tú el viaje hasta el lugar de las vacaciones no veo ningún inconveniente a esto. Te juntas con otros distribuidores exitosos como tú y compartes muchas experiencias. Aquí es donde realmente se aprende de verdad, pero no está al alcance de todo el mundo, al menos a corto plazo, que es cuando más necesita uno aprender.

El tema de las promociones a veces es un arma de doble filo, especialmente en lo que tickets para eventos se refiere. Existen promociones con descuentos especiales por comprar un ticket para un evento con cierta antelación. Y hay algunos eventos en los que debes tener un estatus mínimo para poder asistir. ¿Qué pasa si no tienes el estatus necesario pero quieres ir?, pues fácil: Las entradas salen a la venta con varios meses de antelación y con precio más reducido si lo compras antes y por miedo a quedarte sin plaza en el caso que alcances el status requerido, pues vas y lo compras. Y tan feliz. ¿Cómo no voy a llegar a ese nivel con lo fácil que es?, ¡si la mayoría lo han sobrepasado ya!.

Pues no, llega el evento, no has alcanzado el objetivo y los 100€ de tu ticket no los vuelves a ver. No consientas ese tipo de presiones. Te dirán que compres el ticket así te esfuerzas más en conseguir llegar a la categoría que te propongas. Pero no todo depende siempre única y exclusivamente de ti. Actúa con coco.

También puedes encontrarte con casos en los que te diga tu patrocinador que si te gastas los 4500€ en productos para llegar al nivel del 50% él te regala el ticket para el evento. ¡Tú te gastas 4500€, él recibe unos 400€ en comisiones y te regala un ticket de 100€!. Tienes -3900€ en tu cuenta y él +450€, sin vender ni un producto, ni él ni tú, claro. Negocio redondo. Por favor, piensa. Analiza bien las promociones. Los pros y los contras, y qué estás dispuesta/o a hacer por ello, si te compensa o no. Es tu responsabilidad gastar tu dinero, no puedes culpar a nadie de ello si lo pierdes.

CONCLUSIONES FINALES

Espero no haberme dejado nada en el tintero, o haberme dejado muy poco, este libro lo he escrito deprisa y corriendo como se suele decir y no me ha dado tiempo a pensar en todo, pero al menos lo más importante sí que está.

Recuerda:

- Antes de firmar nada con Herbalife debes informarte bien sobre la metodología de trabajo.
- No es un trabajo o un empleo, es un negocio.
- El trabajo desde casa no lo es tanto, debes salir a la calle.
- Debes vender productos nutricionales, cremas para el cuidado de la piel y productos para el cuidado del cabello. Así ganamos dinero, vendiendo. Somos vendedores, diferentes pero vendedores.
- No eres médico, no vendas un producto a una persona si no estás segura/o de que lo puede tomar.
- No prometas resultados. Los productos no funcionan por igual en todo el mundo.
- Los productos NO CURAN NADA. Son productos naturales, no medicinas. No curan, pueden prevenir enfermedades pero no curarlas.
- El precio es el que es, puede parecerte caro o barato, pero no te salgas de ahí. Si vendes por debajo de su precio estás impidiendo la progresión de tus propios distribuidores además de perder dinero tú, ¡tonta/o!.
- Cuida tu imagen e higiene corporal. La primera impresión cuenta mucho en la venta, serás más exitosa/o. No fumar y tener un peso apropiado ayuda mucho.

- Ten en cuenta siempre los gastos que conlleva este negocio. Como has podido comprobar a lo largo del libro la empresa no te paga prácticamente nada que no sean comisiones, regalías o royalties y bonos, salvo alguna promoción. Todo el material que necesites debes pagártelo tú. Cuenta con ello.

- Sé lo más profesional que puedas, el cliente lo valora más. La presencia y la manera en la que entregas los productos es fundamental.

- Debes hacer un seguimiento al cliente para comprobar sus avances.

- El porcentaje de beneficio de los productos es antes de impuestos.

- Los productos son muy buenos, no hay duda. Doy fe.

- Los eventos también te los pagas tú. Aunque te digan por activa y por pasiva lo importante que es, valora tu economía y si puedes/ quieres permitírtelo.

- No aceptes presiones ni chantajes por parte de nadie. Ni permitas que nadie te coaccione para que te endeudes por comprar stock de productos. Denúncialo a Herbalife si los recibes.

- Si quieres mantener tu categoría y beneficios debes recalificar anualmente. Si no, bajaras de categoría.

- La licencia de Herbalife tiene una cuota anual de unos 22€ para distribuidores y unos 100€ y para supervisores.

- Lo de "Yo lo que quiero es ganar dinero, no gastarlo" en este negocio no vale. Ni en ninguno. Sin inversiones.

- Como en todos los sitios puedes encontrarte con gente mala, aquí son una minoría afortunadamente. Aprende, diviértete y júntate con gente que merezca la pena.

- No te asustes si ves en los eventos gente muy friki y 'demasiada alegría y motivación', para eso están. La primera vez lo verás raro, en unos meses estarás tú peor que ellos. O mejor, según se mire.

- NO, no es una secta. No veneramos a ningún líder ni a ningún dios oculto. Aquí todo el mundo hace lo que puede o lo que quiere en función de sus objetivos o proposiciones.

- No busques opiniones en foros de internet, no hagas caso, especialmente de las negativas. Los foros es el enclave perfecto para que la gente hable anónimamente de lo que quiera sin ningún temor a represalias, sin conocimiento de causa y sin demostrar nada. De verdad, una vez conozcas cómo es todo comprobarás por ti misma/o la cantidad de barbaridades dicen por ahí.

- Si no te gusta ayudar a la gente, ni lo intentes. Nosotros vivimos de eso, de ayudar que la gente tenga mejor salud.

- Si trabajar con Herbalife y ayudar a la gente es tu sueño no dejes que nadie te quite la ilusión. ¿Sabes?, todos tenemos familia y todos hemos tenido algún familiar que nos ha llevado la contraria por no gustarle nuestro trabajo y nos han llenado la cabeza de opiniones negativas. Es normal, no lo conocen. Con el paso del tiempo, si no desistes, cambiarán de opinión. Dales tiempo.

- No te frustres si sales un día y no vendes nada. Persistir es la clave. Siembra cada día un poquito y algún día recogerás los frutos.

- "El que se rinde nunca gana, y el que gana es

precisamente porque nunca se rinde."

- En Herbalife puedes ganar 500€, 1000€, 3000€, 5000€ o 15000€ al mes e incluso más. Personalmente el cheque más grande que he podido ver y tocar fue de 65.000€, pero hay de mucho más. Pero no lo vas a ganar de un día para otro. Requiere años de trabajo y dedicación.

- Mi mejor consejo en base a mi experiencia y a lo que veo en mis amigos y conocidos de Herbalife es que hagas "vida Herbalife", es decir, que hagas tu trabajo de Herbalife pero que, cuando acabes y vayas a hacer la compra, aproveches para hablar con la gente, que en tu casa consumas los productos y que la gente te vea, que vistas la ropa de Herbalife por la calle, en el gimnasio, etc. Es lo que más funciona. También doy fe.

- Este negocio lo puede hacer todo el mundo, pero no es para todo el mundo. Hay gente que no quiere, que no le gusta vender, que no quiere hablar con la gente, que no quiere hablar por teléfono, o que no quiere salir de casa, qué sé yo… para ellos no es, pero para ti, si quieres, puedes. Se te formará desde cero. No es fácil de hacer, es sencillo, tanto que hay amas de casa, profesionales de la construcción, camareros, estudiantes, licenciados, médicos, arquitectos, empresarios, deportistas de élite, etc. y de todas las nacionalidades posibles. Créeme, si ellos pueden, tú también. Pero debes tener en cuenta todo lo que cuento en este libro para evitar imprevistos.

Te deseo toda la suerte del mundo en tu nueva aventura.

¡Un fuerte abrazo!

PD.- Tú cuando compraste este libro no lo sabías, pero el 100% de los beneficios obtenidos por la venta del mismo son donados mensualmente a la Herbalife Family Foundation, una fundación creada por Herbalife cuyo objetivo es ayudar a los niños más necesitados, construyéndoles escuelas, casas, alimentándolos, etc. Además, con cada producto que compras a Herbalife, el 1% va para ellos.

www.herbalifefamilyfoundation.org

Más a favor de Herbalife. Gran empresa.

¡Hasta pronto!, y ¡mil gracias por comprar este libro!.